Lutz Hübner / Sarah Nemitz

Willkommen

أهلا وسهلا

Schauspiel

**BUCHNERS
SCHULBIBLIOTHEK
DER MODERNE**

**TEXT
UND MATERIAL**

C.C.BUCHNER

Buchners Schulbibliothek der Moderne
Text und Material
Herausgegeben von Wolfgang Reitzammer und Klaus Will

Heft 41

Lutz Hübner/Sarah Nemitz
Willkommen

Bearbeitet von Wolfgang Reitzammer und Klaus Will.

WILLKOMMEN von Lutz Hübner und Sarah Nemitz
@ 2017, by HARTMANN & STAUFFACHER, KÖLN

1. Auflage, 2. Druck 2021
Alle Drucke dieser Auflage sind, weil untereinander unverändert, nebeneinander benutzbar.

Dieses Werk folgt der reformierten Rechtschreibung und Zeichensetzung. Ausnahmen bilden Texte, bei denen künstlerische, philologische oder lizenzrechtliche Gründe einer Änderung entgegenstehen.

Redaktion: Jutta Förtsch
Layout und Satz: PER Medien & Marketing, Braunschweig
Umschlagfoto: mauritius images / SZ Photo Creative, Mittenwald
Druck und Bindung: Friedrich Pustet KG, Regensburg

www.ccbuchner.de

ISBN 978-3-7661-3991-7

Inhalt

Vorwort

Im Sommer 2015 löste der Ansturm der Flüchtlinge in Deutschland eine noch immer andauernde gesellschaftliche Debatte über das Thema „Flucht und Migration" aus. Die einen postulierten mit Kanzlerin Angela Merkel „Wir schaffen das" und versetzten internationale Beobachter durch die sogenannte „Willkommenskultur" in Erstaunen. Die anderen sprachen von „Staatsversagen" und verwiesen auf die Grenzen der Integrationsfähigkeit.

Seitdem nehmen rechtspopulistische und rechtsradikale Tendenzen zu, häufen sich terroristische Anschläge, gleichzeitig engagieren sich viele Bürger weiterhin für die Schutzsuchenden.

Lutz Hübner und Sarah Nemitz haben dazu ein Theaterstück geschrieben, das versucht, die Problematik auf einer alltäglichen, für jeden nachvollziehbaren Ebene zu verhandeln. Das Schauspiel wurde im Februar 2017 in Düsseldorf uraufgeführt und wird seitdem an vielen deutschsprachigen Theatern gespielt.

Im Deutschunterricht bietet der Text zahlreiche Möglichkeiten der Auseinandersetzung mit dem noch immer den gesellschaftlichen Diskurs bestimmenden Thema: Man kann die Dialoge szenisch lesen, ein Programmheft gestalten, ja sogar eine Schulaufführung wäre denkbar. Die neben dem Dramentext vorgelegten weiterführenden Materialien beleuchten dazu aus verschiedenen Perspektiven immer wieder die Frage: Würden Sie einen Flüchtling bei sich oder in Ihrer unmittelbaren Nähe aufnehmen?

Viel Spaß und angeregte Diskussionen bei der Lektüre wünschen

Wolfgang Reitzammer und Klaus Will

Nürnberg/Erlangen, im Januar 2018

Personen

SOPHIE   Photographin, Hauptmieterin
DORO   Verwaltungsangestellte
ANNA   Studentin der Sozialpädagogik
BENNY   Anglistikdozent
JONAS   Betriebswirt bei einer Bank
ACHMED   Mitarbeiter einer Fahrradwerkstatt in Essen

Ort

Die große Wohnküche einer Wohngemeinschaft (Altbau, Parkett, Flügeltüren. 220 qm, 5 Zimmer.) Ein großer Holztisch, Vitrastühle[1], Einbauküche, alte Filmplakate, auf eine gemütliche Art leicht unordentlich.

Zeit

Ein warmer Frühlingsabend. Gegenwart

---

[1] **Vitra Stühle:** Designerstühle

Szene

Wohnküche, früher Abend, man hat zusammen gegessen, der Tisch steht voller Geschirr, eine fast geleerte Weinflasche, Kerzen, aus einer Boombox tönt Acid Jazz². Doro stellt ein paar Teller zusammen.

SOPHIE	Wer will jetzt alles Tiramisu?
BENNY	Ich kann nicht mehr.
SOPHIE	Und sonst? Wer will?
JONAS	Stell es einfach auf den Tisch, das geht schon weg.
DORO	Jetzt trinken wir aber erst mal auf den Koch. Prost Benny! Moment, hat jeder noch?
ANNA	Ich bleibe bei Wasser.

Benny hält die Flasche hoch.

BENNY	Wer will den Rest? Lasst mich nicht hängen.

Doro hält ihm ihr Glas hin.

DORO	Wir machen aber noch eine auf, oder? Es ist gerade mal halb neun.
SOPHIE	Ich merk das jetzt schon.
BENNY	Dafür trinken wir ja.
JONAS	Mir tun alle Leute leid, die nicht trinken. Sie wachen morgens auf und es wird den ganzen Tag nicht besser.

Lachen, zuprosten, trinken.

Leider nicht von mir.

DORO	Gib mal die Schüsseln rüber, ich räum das schnell in die Maschine.
ANNA:	Ist doch gemütlich so.
DORO	Nichts da, wir sind schließlich keine Studenten-WG.
SOPHIE	Aber Anna ist Studentin.

---

² **Acid Jazz:** Musikrichtung, die Elemente aus elektronischer Musik, Soul, Funk und Jazz in sich vereint.

| DORO | Das war ein Witz, Schätzchen. |

Benny öffnet noch eine Flasche Wein, Doro räumt weg, andere helfen.

BENNY	Wer kocht denn nächsten Monat das WG-Dinner?
JONAS	Ich.
DORO	Da müssen wir durch.
JONAS	Keine Sorge, ich koche nicht, ich mach nur Sachen warm.

Das Tiramisu kommt auf den Tisch, Schüsseln werden verteilt.
Allgemeines Aufräumen.

SOPHIE	Shit, das ist ja gar nicht vegan, tut mir leid, Anna.
ANNA	Ich bin jetzt wieder Vegetarierin, ich brauch einfach mehr Energie.
SOPHIE	Ich dachte, du hast eine Laktoseintoleranz[3].
ANNA	Geht schon wieder.
JONAS	Den Unterschied habe ich bis heute nicht begriffen.
ANNA	Vegan und Vegetarier?
JONAS	Das Prinzip schon. Aber geht es darum, dass man den Kälbern nicht die Milch wegtrinkt? Oder ist Milch ungesund? Die wurde früher sogar in Grundschulen ausgeschenkt.
DORO	Bevor wir das klären. Kannst du irgendwas auflegen, was wie Musik klingt?

Jonas tippt auf seinem iPhone, die Musik wechselt zu Lounge Jazz[4].

| SOPHIE | Also, sollen wir anfangen? |
| DORO | Gibt es überhaupt irgendwas zu besprechen? |

Alle setzen sich wieder an den Tisch.

| DORO | Ich hab nichts, alles gut. Höchstens, dass auch mal jemand anderes die Pfandflaschen zum Büdchen bringen könnte. |
| JONAS | Ich hab auch nichts. |

---

[3] **Laktoseintoleranz:** Milchzuckerunverträglichkeit
[4] **Lounge Jazz:** verschiedene musikalische Stilarten des Jazz; soll als Hintergrund, z. B. in Bars, eine entspannende Atmosphäre schaffen

BENNY	Aber ich.
SOPHIE	Sag an.
DORO	Jonas, machst du mal die Musik aus?

Jonas schnaubt und macht die Musik aus.

BENNY	Ich habe die Gastdozentur an der NYU[5] bekommen, ab September bin ich für ein Jahr in New York. Und diesmal ist es sicher.

Kurze Stille

JONAS	Wow.
SOPHIE	Das ist ja irre, Benny, ich freue mich so für dich.

Sophie umarmt Benny, gibt ihm einen Kuss, dann gratulieren ihm die anderen.

DORO	Wie lange weißt du es denn schon?
BENNY	Seit Montag. Aber ich wollte es euch allen gleichzeitig sagen.
JONAS	Ich könnte heulen vor Neid.
BENNY	Und das Beste ist: Ich kann bei David wohnen, er hat mit seinem Vermieter gesprochen und es ist okay für ihn.
SOPHIE	Ist das schön.
ANNA	Wo wohnt er denn?
BENNY	South Slope.
ANNA	Ist das noch in New York?
BENNY	Das ist im Süden von Brooklyn.
SOPHIE	Ich freue mich so für euch.
BENNY	Wir werden das erste Mal, seit wir uns kennen, einen Alltag miteinander haben.
SOPHIE	Das wird super, ganz sicher. Ihr passt so gut zusammen.
DORO	Ich würde sagen, das ist ein klarer Fall für den Notfallschampus.

---

5 **NYU:** New York University

Doro geht zum Kühlschrank, holt eine Flasche Champagner heraus und gibt sie Jonas, der sie öffnet. Dann verteilt sie Sektgläser, Anna lehnt ab.

ANNA   Nicht für mich. Ich hab es mit dem Magen.
JONAS   Komm schon, zum Anstoßen.

Anna nimmt widerstrebend das Glas, alle stoßen an, Sophie wischt sich eine Träne weg, dann umarmt sie noch einmal Benny.

BENNY   Aber Finchen, warum weinst du denn?
SOPHIE   Ich weiß auch nicht. Ich freue mich für David und dich, und ich bin traurig, dass du ein Jahr weg sein wirst.
DORO   Jetzt aber hoch die Tassen.

Man trinkt.

JONAS   Du Mistkerl, du hast nur deshalb so lecker gekocht, damit wir dich noch mehr vermissen.
BENNY   Ihr werdet mir auch fehlen.
JONAS   Mit wem soll ich denn jetzt Tischtennis spielen. Mit den Mädchen etwa?

Lachen, dann eine kurze Stille.

SOPHIE   Aber du kommst wieder, oder?
BENNY   Klar, es ist nur ein Jahr.
ANNA   Das weiß man vorher nie.
BENNY   Okay, wenn ich schwanger werde, höre ich natürlich auf, heirate David und mache jeden Tag Pancakes mit Ahornsirup für ihn. Nein, im Ernst, das Stipendium kann nicht verlängert werden.
SOPHIE   Im August bist du weg.
BENNY   Ja.

Stille, Doro trinkt Annas Glas aus.

ANNA   Ich weiß nicht, ob das jetzt irgendwie unsensibel ist oder so, aber was machst du mit deinem Zimmer? Willst du das untervermieten?

BENNY	Da habe ich mir was überlegt und auch deswegen wollte ich bis heute Abend warten. Wie erkläre ich das am besten: es ändert sich so viel, und das betrifft uns alle und deshalb muss auch jeder Position beziehen: Wir sind nicht mehr in der Beobachterposition, was die Welt betrifft, sondern Teil einer großen Entwicklung, die der Staat alleine nicht steuern kann, sondern nur die Gesellschaft, also wir, besser gesagt, jeder Einzelne, der Gestaltungsmöglichkeiten hat, und die haben wir, also wir hier konkret. Wisst ihr, was ich meine?
ANNA	Ich wollte eigentlich nur wissen, was du mit dem Zimmer machst.
DORO	Was erwartest du, wenn du einem Dozenten eine Frage stellst.
BENNY	Okay, also, aber ist wirklich nur ein Vorschlag, ihr entscheidet. Ich hab ja die letzten Wochen in dem Flüchtlingsheim am Bismarckplatz mitgeholfen in der Essensausgabe, und das hat mich verändert, Hat meinen Blick verändert. Wenn du die Schicksale mitkriegst und hörst, was die Leute durchgemacht haben, ich will da jetzt gar nicht ins Detail gehen …
SOPHIE	Erzähl ruhig, wenn es dir hilft.
BENNY	Nein, darum geht es nicht, es ist … man fühlt sich so machtlos … da sind Leute, die haben ihre ganze Familie noch in Homs oder Raqqa[6], manchmal haben die überhaupt keinen Kontakt mehr zu denen oder nur sporadisch, die fragen sich jeden Abend, ob ihre Leute dort unten noch leben und ich hab in einer Schicht auch miterlebt, wie Menschen dort Todesnachrichten erhalten haben. Oh Mann. Ich kann das gar nicht beschreiben. Das ist hier um die Ecke, das muss man sich mal klar machen.
JONAS	Syrien jetzt, oder …?
BENNY	Nein, das Flüchtlingsheim, diese Leute, die da auf zwei Quadratmetern hausen, die sitzen da rum, kleine Kinder, die in die Schule wollen, Männer, die arbeiten wollen, Frauen, die dringend jemanden bräuchten, mit dem sie den ganzen Horror verarbeiten können, und die sind da

---

[6] **Homs, Raqqa:** schwer umkämpfte Städte in Syrien

abgeschnitten von allem, oft schon seit Monaten, ohne Privatsphäre, ohne irgendwelche Aufgaben … Wenn du diese Leute erlebst, dann kriegst du so eine Scheißwut auf alle, die gegen Ausländer hetzen oder die wegschicken wollen. Was die auf sich genommen haben, um herzukommen, weil sie ihre Kinder retten wollen und weil sie hoffen, dass so ein reiches Land wie Deutschland ihnen hilft.

SOPHIE   Puh, das ist so …

Sophie hat Tränen in den Augen, dann umarmt sie Benny.

DORO   Du bist heute aber anlehnungsbedürftig, Sophie.
SOPHIE   Mir geht das so derart an die Nieren.
BENNY   Tut mir leid …
SOPHIE   Nein, ist okay.
BENNY   Ich wollte auch nicht die Stimmung versauen, Ich wollte damit nur sagen … ich würde mein Zimmer gern für das Jahr Flüchtlingen zur Verfügung stellen. Ich kann sonst nicht viel tun, weil ich wenig Kohle habe, aber das würde ich gern machen.

Kurze Stille

JONAS   Wow.
BENNY   Aber ich mach das selbstverständlich nur, wenn alle einverstanden sind. So was geht nur einstimmig. Wenn einer sagt, dass er das nicht will, und dafür habe ich auch Verständnis, dann geht das normal an die Mitwohnzentrale. Oder was ihr für gut haltet. Ihr müsst das auch nicht heute Abend entscheiden und ich kann, wenn ihr mehr wissen wollt, auch arrangieren, dass ihr euch am Bismarckplatz mit ein paar Leuten unterhalten könnt, wenn ihr Fragen habt. Aber ich fänd es super, wenn ich wüsste, dass in dem Jahr, in dem ich weg bin, hier Menschen wohnen, die dadurch eine Chance bekommen, ein bisschen in dieser Gesellschaft anzukommen. Und ich glaube, es kann auch für euch eine tolle Erfahrung sein. Es gibt schon ein paar

ähnliche Wohnmodelle, da könnte ich euch einen Kontakt vermitteln, wenn euch das interessiert.

ANNA   Ich finde es super, dass du da was machen willst.

SOPHIE   Total.

BENNY   Persönliche Sachen, Platten, Bücher und so weiter, würde ich in den Keller stellen, den Rest lasse ich drin, damit die sich hier wohlfühlen, die sollen hier einfach wie normale Menschen wohnen können. Und den Eggchair[7] vielleicht, falls den keiner von euch will. Also wenn das okay ist, dass ich euch den Keller vollstelle. Oder wenn du den willst, Jonas?

JONAS   Klar, gerne.

SOPHIE   Wieso willst du den Eggchair nicht drin lassen?

BENNY   Na ja, der helle Bezug ist ein bisschen empfindlich und wenn da was drauf kommt ... aber sonst lasse ich alles so. Das Sofa ist ein Schlafsofa und wenn mehrere Kinder dabei sein sollten, besorge ich ein Zusatzbett bei Oxfam[8], ihr müsst euch um nichts kümmern. Okay, also das ist mein Vorschlag.

Stille

DORO   Kann ich noch einen Schluck Schampus haben?

Benny schenkt Doro nach.

JONAS   Ist das nicht ein bisschen eng für eine ganze Familie?

BENNY   Du solltest mal sehen, wie die jetzt leben müssen.

JONAS   Ja, schon klar, aber wenn da eine Familie mit Kindern wohnt ...

SOPHIE   Benny hat dreißig Quadratmeter.

JONAS   ... ich meine, das wird vielleicht ein bisschen unruhig, oder? Ich bin bis Oktober in der Probezeit und ich kann noch nicht abschätzen, ob das danach weitergeht für mich.

BENNY   Wenn dir das zu viel ist, vergessen wir das.

---

[7]   **Eggchair:** Designer-Sessel
[8]   **Oxfam:** internationaler Verbund verschiedener Hilfsorganisationen, die mitunter auch Secondhand-Läden führen

JONAS	Nein, um Gottes willen, das will ich damit nicht sagen,
SOPHIE	Gerade die Kinder brauchen geschützte Räume.
JONAS	Aber die müssen auch spielen und toben können.
SOPHIE	Hallo? Wir haben über zweihundert Quadratmeter. Und das Dach.
JONAS	Weiß ich. Aber ich darf es nicht versauen bei der Bank und ich weiß nicht, wenn das traumatisierte Kinder sind, dann schreien die sicher auch im Schlaf, oder?
SOPHIE	Was ist das denn für ein Quatsch!
BENNY	Es ist noch gar nicht raus, dass da eine Familie mit kleinen Kindern reinkommt.
SOPHIE	Und traumatisierte Kinder sagen oft gar nichts mehr. Das ist ja das Schlimme.
DORO	Woher willst du das denn wissen?
SOPHIE	Das ist wie ein Schock, oder? So eine Art Schockstarre. Anna, hast du da im Praktikum Erfahrungen gesammelt?
ANNA	Das war eine Inklusionskita.
JONAS	Eine was?
ANNA	Mit behinderten Kindern. Die schreien auch, aber nicht alle.
DORO	Kinder schreien sowieso immer.
SOPHIE	Darum geht es jetzt wirklich nicht.
ANNA	Das Dach ist übrigens nicht kindersicher.
JONAS	Ich habe nichts gegen Kinder, ehrlich nicht. Aber ein älteres Ehepaar wäre vielleicht passender.
DORO	Die schreien manchmal auch. Aber Hallo.
JONAS	Ich will nur sagen, dass ich meinen Schlaf brauche, solange die Probezeit läuft. Ich will jetzt echt nicht spießig rüberkommen, ich halte das auch für eine tolle Idee, ich muss nur irgendwie sehen, dass ich die Probezeit überstehe.
DORO	Dann kannst du im Büro schlafen.
JONAS	Genau.
SOPHIE	Nehmt das bitte ernst, das ist ein unglaublich guter Vorschlag.
JONAS	Entschuldigung. Klar. Aber für dich als Freiberuflerin ist das vielleicht nicht so nachvollziehbar …
SOPHIE	Glaubst du, ich kann als Photographin ausschlafen? Weißt du, wie früh ich manchmal raus muss, wenn ich ein bestimmtes Licht brauche?

JONAS	Ja, schon klar, aber du musst nicht um acht im Büro sein und um neun Kundengespräche mit misstrauischen Rentnern führen, die alles besser wissen. Das steht man nur ausgeschlafen durch.
SOPHIE	Ich muss auch fit sein, um kreativ arbeiten zu können. Vielleicht sogar fitter als du!
DORO	Mein Gott, Sophie, du weißt genau, was er meint. Außerdem betrifft diese Entscheidung schließlich uns alle.
SOPHIE	Ja, aber warum sieht denn keiner die Chancen? Wir können konkret etwas tun und wir werden davon profitieren, da bin ich mir sicher. Wir bekommen neue Impulse …
JONAS	Das ist ja genau meine Befürchtung. Sorry. War ein blöder Witz.
SOPHIE	Darf ich das bitte kurz ausführen, bevor ihr euch darüber lustig macht?
JONAS	Klar.
SOPHIE	Es geht nicht nur darum, Menschen zu helfen, sondern um den Austausch, um einen anderen Blick auf die Welt. Dass man von außen gespiegelt bekommt, wie wir leben, wie Menschen, die aus völlig anderen Zusammenhängen kommen, uns erleben. Das ist sicher nicht immer einfach, aber immer eine Bereicherung. Das bekommt man nicht mit, wenn man nur zur Kleiderkammer latscht, um seine alten Winterstiefel abzugeben.
DORO	Ich habe auch Geld gespendet. Einen größeren Betrag.
SOPHIE	Ja, aber das ist abstrakt. Wir müssen diese Menschen kennenlernen, weil wir mit ihnen zusammenleben. Das Land verändert sich und wird sich weiter verändern, da sind wir uns hoffentlich alle einig. Das sind jetzt unsere Mitbürger und ich weiß nicht, warum ihr sofort denkt, dass da eine lärmige Großfamilie einzieht. Da sind gebildete Leute dabei, jede Menge, das sind oft Menschen wie wir, die da unterwegs sind, das sind Leute, die dort unten unser Leben geführt haben, macht euch das bitte klar.
DORO	Aber nicht nur.
SOPHIE	Schon klar, Aber selbst wenn sie ein konservatives Weltbild haben, kann sich das nur durch ein gemeinsames Leben ändern und deswegen ist es wichtig, dass man

	zusammenlebt. Anna ist ja auch katholisch sozialisiert und kommt aus Westfalen …
ANNA	Verstehe ich jetzt nicht, ich bin aus der Kirche ausgetreten.
SOPHIE	Ja, aber erst hier und nicht in Lippstadt, oder?
ANNA	Trotzdem, was hat das denn mit mir zu tun?
BENNY	Mach mal ohne Beispiele, Sophie.
SOPHIE	Ich meine nur, man geht einen Weg zusammen und wir haben den Platz, wir können es uns leisten, großzügig zu sein. Wir sind die Leute, die Türen öffnen können. Wer, wenn nicht wir?
JONAS	Es geht mir nicht um den Platz, ehrlich.
SOPHIE	Ich weiß. Aber als Leandra noch hier gewohnt hat, war es hier auch lauter. Damit sind wir doch auch klar gekommen.
DORO	Okay, sie war anstrengend, das sind achtzehnjährige Mädchen immer. Aber du willst jetzt nicht behaupten, dass meine Tochter so viel Lärm gemacht hat wie eine arabische Großfamilie, oder?
BENNY	Na ja.
SOPHIE	Vergiss es, ich lass die Beispiele. Ich will nur sagen, dass wir das Positive sehen sollten. Wir bestimmen, wie viel wir zusammen machen und wie viel Nähe wir wollen. Ist schließlich jetzt nicht anders. Wir essen einmal im Monat zusammen, um alles zu besprechen, und sonst führt jeder sein Leben. Jeder kann selbst bestimmen, wie sehr er sich öffnet. Ich könnte mir zum Beispiel gut vorstellen, ein Projekt mit denen zu machen, als Langzeitdokumentation, das Ankommen begleiten, das Zusammenleben, die Annäherung … und ich bin mir sicher, dass jeder etwas finden kann, was ihn bereichert. Jeder bestimmt, wie stark er sich einbringen will. Und selbst wenn es ein bisschen hektisch wird: Wir sind kein Altersheim. Ruhe kann nicht das erste Gebot dieser Wohngemeinschaft sein. Ich meine, selbst wenn es nur eine neue Küche ist, die man kennenlernt, es kann ein Geben und Nehmen sein.
BENNY	Die syrische Küche ist übrigens total lecker.
SOPHIE	Versteht ihr, was ich meine?
JONAS	Ja, schon klar.

Stille

SOPHIE   Wollt ihr nicht auch mal was sagen? Anna? Doro?

Anna und Doro sehen sich kurz an.

ANNA   Sag du zuerst, Ich muss noch nachdenken.
DORO   Benny, du hast gesagt, wenn einer dagegen ist, ziehst du
            den Vorschlag zurück, oder?
BENNY   Ja, habe ich gesagt.
DORO   Und da sind wir uns auch einig?
SOPHIE   Ja.
DORO   Okay. Ich bin dagegen.
SOPHIE   Und warum?
DORO   Niemand hat gesagt, dass ich das begründen muss. Ich
            gehe jetzt eine rauchen, dann könnt ihr euch über mich
            aufregen und danach das Thema wechseln. Jonas, sei ein
            Schatz und gib mir noch ein Bier aus dem Kühlschrank.

Jonas gibt ihr ein Bier, die anderen sehen Doro ratlos an.

BENNY   Natürlich musst du das nicht begründen, aber schöner
            wäre es schon.
DORO   Schöner wär's, wenn's schöner wär'.

Doro ab.

SOPHIE   Was gibt das denn?
ANNA   Ist das Thema jetzt vom Tisch?
BENNY   Nein. Also so geht es nun auch nicht.
SOPHIE   Willst du mal nach ihr sehen, Jonas?
JONAS   Wieso denn ich?
SOPHIE   Ihr seid doch so dicke.
JONAS   Nein. Ich habe nur vermittelt, als sie diesen Riesenkrach
            mit Leandra hatte, ich bin nicht ›dicke‹ mit ihr.
ANNA   Sie kommt gleich wieder. Oder? Sie kommt doch wieder?
            Oder ist irgendwas?
BENNY   Wenn sie was getrunken hat, wird sie ein bisschen …
            impulsiv.

ANNA   Aber sie hat einfach nur gesagt, dass …
SOPHIE Wir kennen sie schon ein bisschen länger als du, Anna.
BENNY   Vorsicht, sie kommt.

Doro kommt zurück

SOPHIE Das ging aber schnell.
DORO   Ist ja nicht viel dran an einer Zigarette. So, können wir
        jetzt überlegen, was wir mit Bennys Zimmer machen?
SOPHIE Sorry, Doro, aber so geht das nicht.
DORO   Okay, du bist die Hauptmieterin, du kannst bestimmen.
        Aber dann müssen wir auch nicht diskutieren.
SOPHIE Sei nicht so feindselig, natürlich diskutieren wir.
DORO   Okay, aber dann offen, ohne Wertung, dann will ich, dass
        mein Standpunkt akzeptiert wird.
BENNY   Selbstverständlich.

Doro trinkt ihr Bier aus.

DORO   Okay, ich bin dagegen, weil ich arabische Männer nicht
        ausstehen kann. Ich bin immer bereit, Flüchtlingen zu
        helfen, ich habe gespendet und ich finde, jeder Mensch
        hat das Recht zu fliehen, wenn sein Leben bedroht ist.
        Aber ich will mit arabischen Männern nichts zu tun
        haben. Wisst ihr, wie die meine Tochter anschauen, wenn
        wir auf der Straße an denen vorbeigehen? Das sind eis-
        kalte, verächtliche Blicke, und das hat auch nichts mit
        mediterranem Savoir-vivre[9] zu tun. Das ist pure, reine
        Frauenverachtung, ich habe jedes Mal Lust, Ohrfeigen zu
        verteilen. Und diese Typen schwafeln von Respekt und
        Ehre, da könnte ich kotzen!
SOPHIE Du meinst jetzt diese Jugendlichen, die …

---

[9] **Savoir-vivre (frz.):** feine Lebensart

17

DORO   Nein, ich rede nicht von der Ellerstraße oder der Kölner Domplatte[10]. Ich rede von dem ganz alltäglichen Scheißgefühl in der Straßenbahn oder der Altstadtkneipe. Ich rede noch nicht mal von dem, was Leandra von der Bar in Köln erzählt, in der sie arbeitet: was sie sich da anhören muss und wogegen sie sich ständig zu wehren hat. Das nervt, und zwar gewaltig. Ich habe die Faxen dicke von diesem muffigen Familienbegriff, von dem ganzen Schlampending und das fängt für diese Macker übrigens schon an, wenn man geschieden oder alleinerziehend ist. Oder alleine in eine Bar geht. Oder alleine bei Dunkelheit die Straße runterläuft. Oder raucht. Oder einfach nur existiert, ohne sich hinter dunklen Schleiern zu verstecken. Ich hasse diese Selbstgefälligkeit, die Überzeugung, etwas Besseres zu sein, bloß, weil da was zwischen den Beinen baumelt. Ich hasse es, dass die auf der Straße nie ausweichen. Ich mag die Sprache nicht, die immer klingt, als ob sie einem gerade den Krieg erklären. Ich mag keine Männer mit Schnauzer, ich habe keine Lust, auf religiöse Gefühle Rücksicht zu nehmen, weil Religion nichts für erwachsene Menschen ist, und ich hasse jede Form von Intoleranz.

BENNY   Aber was du da gerade machst …

DORO   Hast du mir nicht zugehört? Das ist etwas, das du als Mann einfach nicht mitkriegst. Das alles würde ich da draußen auch nie laut sagen, da bin ich tolerant und vernunftgesteuert. Hier rede ich gerade über Gefühle. Weil ich hier zuhause bin, weil das meine Privatsphäre ist und diese Typen da draußen sind. Und da sollen sie auch bleiben. Ich möchte hier im Sommer im Bademantel durch den Flur marschieren können, um auf dem Dach ein Sonnenbad zu nehmen. Nackt. Ich möchte hier mit allen Männern frühstücken, die bei mir über Nacht geblieben sind, wenn mir danach ist. Ich möchte nicht darüber

---

[10] Unter anderem in der Ellerstraße in Düsseldorf wurde im Januar 2016 eine Razzia mit ca. 40 Festnahmen vor allem nordafrikanischer Männer durchgeführt; auf der Kölner Domplatte gab es in der Silvesternacht 2015/16 viele sexuelle Übergriffe, an denen insbesondere Männer aus dem nordafrikanischen und arabischen Raum beteiligt waren.

nachdenken, ob das für irgendjemanden ein moralisches Problem sein könnte. Ich möchte nicht mit Leuten zusammenleben, bei denen man ständig Angst haben muss, dass sie beleidigt sein könnten, weil Beleidigt-Sein ein arabischer Volkssport ist. Und ich rede hier gerade nur von meiner Selbstzensur, von dem, was ich denke, wenn mich hier einer von denen angewidert oder entsetzt anstarrt. Der müsste noch nicht mal was sagen. Ich will mir in dieser Wohnung darüber keinen Kopf machen. Da draußen kann sich ändern, was will, damit werde ich fertig. Aber hier in dieser Wohnung bleiben alle Errungenschaften des Grundgesetzes, des Feminismus, der Popkultur und der rheinischen Lebensart in Kraft. Helau, das war's.

Stille

BENNY   Soll ich dir einen Espresso machen?

DORO   Spar dir deine blöden Anspielungen, ich bin vollkommen klar.

ANNA   Damit ist das Thema vom Tisch, oder?

BENNY   Anna, frag bitte nicht ständig, ob das Thema vom Tisch ist. Was soll das denn?

ANNA   Entschuldigung.

Doro bemerkt, dass Sophie mit ihrem iPhone beschäftigt ist.

DORO   Sag mal, hast du das mitgeschnitten?

SOPHIE   Ich habe euch gesagt, dass ich ein Projekt machen will.

DORO   Drehst du jetzt vollkommen durch? Da hast du mich vorher zu fragen!

SOPHIE   Ich werde das nicht veröffentlichen. Und wenn ich das verwende, frage ich dich rechtzeitig, keine Angst.

DORO   Ich habe keine Angst, hier geht es um Privatsphäre!

SOPHIE   Vergiss das jetzt einfach. Reden wir über deinen Hass.

DORO   Nein, du löscht das jetzt. Sofort!

SOPHIE   Du kannst mir nicht vorschreiben, wie ich meine Ideen entwickle!

DORO   Ja, leider nicht!

Kurze Stille, dann geht Sophie Türen schlagend.

BENNY Volltreffer.

JONAS War das jetzt nötig?

DORO Sie kann nicht einfach Gespräche mitschneiden.

JONAS Schon klar, aber du weißt, wie verdammt empfindlich sie ist, wenn es um ihre Projekte geht. Sie fühlt sich da nicht ernst genommen von uns.

DORO Von mir weiß sie wenigstens, dass ich mit ihren Arbeiten nichts anfangen kann. Ihr drückt euch immer nur. Habt ihr ihre Ausstellung gesehen? Nein. Also.

BENNY Ich hab eben viel um die Ohren.

JONAS Geht mir ähnlich.

DORO Feiglinge.

ANNA Ich habe die gesehen.

DORO Echt?

JONAS Wer bei drei nicht auf den Bäumen ist …

BENNY Die mit den Hunden?

ANNA Nein, Schaufenster, also leere Schaufenster in Duisburg. In Schwarz-Weiß.

JONAS Sollte man sicher früh hin, damit die Schlange nicht so lang ist.

ANNA Das ist in einem Café, da kannst du einfach reingehen, kein Problem.

JONAS Genial.

BENNY Sei nicht so gemein, Jonas. Sieh lieber nach ihr.

JONAS Wieso denn ich?

BENNY Wenn ich jetzt zu ihr gehe, wird sie wahrscheinlich erst richtig emotional.

DORO Sag ich doch. Feigling. Können wir jetzt das Thema wechseln?

Stille

BENNY Übrigens kann man natürlich aussuchen. Es ist nicht so, dass man ein Zimmer anmeldet, und dann bekommt man fünf minderjährige tunesische Crackdealer zugeteilt.

DORO Das weiß ich auch.

ANNA Hast du nur was gegen Araber oder auch gegen Türken?

20

JONAS	Wir könnten anmelden, dass wir gern ein christliches älteres Ehepaar hätten. Oder Jesiden[11]. Wie sieht es mit Schwarzafrikanern aus? Kannst du mit denen, Doro?
BENNY	Was hast du denn immer mit deinem älteren Ehepaar? Glaubst du, die ertragen deine Musik? Die hört man nämlich ganz deutlich in meinem Zimmer, und das ist nicht immer die reine Freude.
JONAS	Das ist nur ein Beispiel mit dem älteren Ehepaar. Zwei Schwestern wären doch auch gut. Überhaupt Frauen? Oder Schwule?
BENNY	Oder Transgender[12]? Oder ein afghanischer Zwerg, der auf den Händen laufen kann?
JONAS	Ich meine nur, weil die in den Heimen ziemlich diskriminiert werden, was man so hört. Vielleicht geht man einfach mal dahin und sieht …
BENNY	Jonas, wie stellst du dir das vor? Wir gehen ins Heim und die Ersten, die freundlich auf uns zurobben, nehmen wir mit? Wir wollen keine Dackelwelpen kaufen, sondern Menschen bei uns aufnehmen.
DORO	Du willst das. Und du wirst nicht da sein, sondern wir! Und wenn du da wärst, hättest du wahrscheinlich ziemliche Probleme, wenn die mitkriegen, dass du schwul bist. Schwule sind nicht so richtig beliebt in der arabischen Welt.
BENNY	Ich bin bei der Arbeit im Heim deswegen nie diskriminiert worden. Du hast ein völlig falsches Bild!
DORO	Hast du es denen gesagt?
BENNY	Nein, warum auch.
DORO	Dann haben sie es einfach nicht gemerkt. Weil sie Schwule nicht kennen. Die sitzen bei denen nämlich alle im Knast oder wurden gesteinigt.
BENNY	Du bist rassistisch.
DORO	Na endlich ist es raus.

Handwritten margin notes: "Vorurteile zur arabischen Kultur/Flüchtlinge", "→ spricht Doro direkt als rassistisch an", "Anekdote"

---

[11] **Jesiden:** religiöse Minderheit, hauptsächlich im Nordirak lebend, die von Milizen des sog. Islamischen Staates brutal verfolgt worden ist

[12] **Transgender:** Bezeichnung für Menschen, deren Geschlechtsidentität von dem Geschlecht abweicht, das ihnen bei ihrer Geburt aufgrund körperlicher Merkmale zugewiesen wurde

BENNY   Entschuldigung.
DORO   Schon gut. Gibst du mir noch ein Bier, Jonas?
BENNY   Mir auch. Du auch, Anna?

Anna schüttelt den Kopf, Jonas bringt Bier

JONAS   Was ist denn mit dir, Anna, du trinkst nichts, du sagst
           nichts … Was meinst du denn so?
ANNA   Ich finde es wahnsinnig schwierig. Also für mich jetzt spe-
           ziell.

Kurze Stille.

BENNY   Okay. Willst du darüber sprechen?
ANNA   Ich bin gerade in einer … ich wollte das nicht sagen, aber
           vielleicht macht es das für mich so schwierig, weil ich …
           ich fange vielleicht anders an. Ich habe jemanden kennen-
           gelernt und jetzt ist es passiert und ich weiß nicht. Okay,
           es ist so, dass ich schwanger bin, das weiß ich jetzt seit
           einer Woche und ich weiß nicht, das ändert alles, weil ich
           bald Examen habe und ich bin jetzt in der siebten Woche,
           da ist also noch alles möglich und ich habe es ihm auch
           gesagt und er ist total begeistert und das finde ich total
           süß, aber es macht mir auch Angst, also nicht nur wegen
           dem Examen, sondern weil wir uns noch nicht so lange
           kennen und auf einmal, also mit Kind, das hatte ich echt
           nicht auf dem Schirm, aber noch ist Zeit und einerseits
           kann ich mir das total gut vorstellen, andererseits habe ich
           einen totalen Horror und vielleicht ist das normal, keine
           Ahnung und wenn ich jetzt sagen würde, okay, dann, weil,
           das ist meine Entscheidung und er sagt, das packen wir,
           klar, das kann man packen und ob das jetzt hier oder bei
           ihm und vielleicht ist das auch überflüssig, weil richtig
           wichtig ist es erst später, wenn das Kind da ist, also wenn
           das Kind da ist und in der siebten Woche, da kann ja noch
           alles passieren, manchmal stößt der Körper das ab, aber
           das ist nicht meine Angst und wenn wir sagen würden,
           okay, wir machen das, aber ich kenne ihn einfach noch
           nicht so gut und dann wäre es besser zusammen, aber

22

nicht bei mir zusammen, in dem kleinen Zimmer, das kann nicht gut gehen, aber in der Nähe, also dass jeder für sich, aber nicht so aufeinander. Scheiße.

Anna bricht in Tränen aus. Doro nimmt sie in den Arm. Jonas und Benny wirken sehr ratlos.

DORO   Alles gut, Liebchen. Reg dich nicht auf. Wir gehen mal einen Moment an die frische Luft, ja?

Anna steht auf, Doro stützt sie, klaubt sich ihre Zigarettenschachtel vom Tisch und geht mit Anna nach draußen. Kurze Stille.

JONAS   Hast du das kapiert?
BENNY   Sie ist schwanger.
JONAS   Das ja, aber den Rest?
BENNY   Nicht so richtig.

Jonas holt sich noch ein Bier, macht Musik an. Sie trinken.

Ich mach mal was an, was zu Biertrinken passt.

Benny tippt in sein iPhone, Chicago Blues.

JONAS   Sollen wir mal nach Sophie gucken?
BENNY   Gleich.
JONAS   Das ist hart für sie, dass du jetzt ein Jahr mit David zusammen sein wirst.
BENNY   Glaubst du?
JONAS   Komm, Benny, du weißt, dass es so ist. Die ist noch nicht drüber weg.
BENNY   Hat sie was gesagt?
JONAS   Ne, aber das spürt man.
BENNY   Das ist drei Jahre her. Und sie wusste immer, dass ich bi[13] bin.

---

[13] **bi:** bisexuell

JONAS	Ja, aber long distance ist was anderes, das zählt nicht wirklich. Außerdem war bei ihr seither nicht so viel los in der Hinsicht.
BENNY	Verstehe ich auch nicht.
JONAS	Kann doch nicht so schwer sein, jemanden zu finden, der mehr her macht als du.
BENNY	Blödmann.

Sie trinken.

Willst du wirklich mit drei Frauen und einem älteren syrischen Ehepaar zusammenwohnen?

JONAS	Eigentlich nicht.
BENNY	Mit Annas Baby. Das wird hart.
JONAS	Andere müssen für ein Jahr nach New York, das ist auch hart.
BENNY	Weiß ich, ob es mit David klappt, wenn wir uns täglich sehen? Das kann alles schief gehen.
JONAS	Dann bist du immer noch attraktiv, schwul und in New York.
BENNY	Das wird schon klappen.
JONAS	Und wenn es richtig gut klappt, kommst du auch nicht wieder.
BENNY	Nicht drüber nachdenken, keine falschen Erwartungen aufbauen. Das bringt Unglück.
JONAS	Egal, wenn ich durch die Probezeit bin, werde ich mir auch was Eigenes suchen.
BENNY	Du kannst nicht abhauen, in einem Jahr bin ich wieder da.
JONAS	Warten wir es ab.

Sie trinken

Klang nicht so, als ob ihr komischer Andreas der Vater ist.

BENNY	Ist der überhaupt noch aktuell?
JONAS	Sie will in den Semesterferien nach Lippstadt. Und sie telefoniert noch regelmäßig mit ihm.

BENNY	Woher weißt du das?
JONAS	Sie brüllt immer so am Telefon.
BENNY	Meinst du, er weiß, was die hier so abzieht?
JONAS	Der hat keine Ahnung.
BENNY	Vielleicht besser so.
JONAS	Was für ein Langweiler.
BENNY	Da sind sie doch ein schönes Paar.
JONAS	Sollen wir jetzt nach denen sehen?
BENNY	Erst austrinken. Meinst du, sie weiß, wer der Vater ist?
JONAS	Ist das eine Anspielung?
BENNY	Nein. Oder …
JONAS	Nein.
BENNY	Ich frage mich, wie jemand, der derartig bräsig ist, so viele Männer ins Bett kriegen kann.
JONAS	Sie sieht ganz nett aus.
BENNY	Und sexy wie Broccoli. Es müssen jede Menge notgeiler Männer da draußen rumlaufen.
JONAS	Danke.
BENNY	Okay, sorry, dann eben betrunkene.
JONAS	Es hat sich einfach so ergeben, okay? Außerdem kannte ich sie noch nicht richtig.
BENNY	Weiß ich alles.
JONAS	Du hast das aber für dich behalten, oder?
BENNY	Ja. Reg dich nicht auf. Das interessiert hier niemanden weiter. Zumal du schließlich nur der Auftakt warst.
JONAS	Sehr witzig.
BENNY	Hat sie dich je darauf angesprochen?
JONAS	Kein Wort. Als wäre es nie passiert.
BENNY	Vielleicht ist sie dabei eingeschlafen und hat es gar nicht mitgekriegt?
JONAS	Vielleicht ist sie einfach diskret?
BENNY	Auf jeden Fall unvorsichtig. Na ja, vielleicht ist das Kondom gerissen. Sowas kommt vor.

Sie trinken

JONAS	Oh Gott, wenn ich mir vorstelle, ich wäre der Vater. Wenn Frauen, mit denen man im Bett war, Kinder kriegen … so wie jetzt Anna … plötzlich, bäng, hängt man drin.

BENNY	Das ist wie ein Flugzeugsabsturz: Da hätte man drinsitzen können.
JONAS	Ja, etwa so.
BENNY	Du bist echt schräg.
JONAS	Und du bist fein raus.
BENNY	Wohne du mal drei Jahre mit deiner Ex zusammen.
JONAS	Sophie ist eine ganz andere Liga.
BENNY	Die können uns aber nicht hören, oder?

Jonas dreht die Musik lauter.

JONAS	Eine Runde Tischtennis? Was meinst du?
BENNY	Wir können jetzt nicht abhauen.
JONAS	Vielleicht wollen die Frauen das mit dem Baby unter sich besprechen.
BENNY	Vergiss es. Außerdem muss ich heute Abend für Sophie da sein. Scheiße, du hast Recht, ich hätte es ihr vorher sagen sollen, das war nicht fair.
JONAS	Klär es jetzt mit ihr, dann spielen wir später eine Runde.
BENNY	Ist jetzt nicht so gut.
JONAS	Die telefoniert wahrscheinlich mit ihrem Vater.
BENNY	Das macht sie nur, wenn richtig Stress ist. So schlimm ist es auch wieder nicht.
JONAS	Egal, was ist, es ist deine Schuld, nur deine. Du bist der Schuldige. Du.
BENNY	Mach mich nicht fertig, du Blödmann.

Sie lachen, Sophie kommt herein, die Männer hören sofort auf zu lachen.
Sophie wirkt sehr wütend, nimmt sich einen Teller Tiramisu und isst.

BENNY	Ich wollte gerade nach dir sehen.
SOPHIE	Echt? Danke! Super von dir! Kannst du bitte diesen Krach ausmachen, Jonas. Davon kriege ich Kopfschmerzen.
JONAS	Das ist seine Musik.
SOPHIE	Dann mach sie wenigstens leiser.
BENNY	Schon gut.

Benny macht die Musik leiser.

SOPHIE   Okay, ich weiß, dass keiner von euch meine Arbeit respektiert, aber ich will nicht dafür beleidigt werden, dass ich versuche, Ideen zu entwickeln.

BENNY   So ist das nicht, Sophie.

SOPHIE   Ist okay, ich will darüber nicht diskutieren. Aber dass niemand Doro widersprochen hat, wenn ich versuche, deine Idee, Benny, zu verteidigen, dass man mich hängenlässt, dass niemand sich darum kümmert, wie es mir geht, wenn Doro so etwas raushaut ... ich bin wirklich entsetzt. Und unglaublich traurig.

JONAS   Natürlich geht das nicht, aber ...

SOPHIE   Ist Doro gegangen? War das Bier alle? Ist das Thema durch? Und wo ist Anna?

BENNY   Das Ding ist ...

SOPHIE   Ich fühle mich gerade einfach verdammt alleine, alleine gelassen, und das ist ein echtes Scheißgefühl. Und da musst du auch nichts erklären, Benny.

BENNY   Wollte ich gar nicht.

SOPHIE   Okay, auch gut.

JONAS   Das Gespräch hat sich anders entwickelt, als du draußen warst ...

SOPHIE   Warum wartet ihr nicht, bis ich wieder da bin? Warum redet ihr weiter? Habe ich nichts dazu zu sagen? Bin ich jetzt draußen? Will man keine Gutmenschen dabei haben, die blöde Projekte machen?

BENNY   Sophie! Ist gut jetzt! Anna ist schwanger, das ist gerade das Thema.

Stille

SOPHIE   Oh. Ach so. Okay. Aber das hat überhaupt nichts mit der Flüchtlingsfrage zu tun.

JONAS   Anscheinend irgendwie doch und es hat wohl auch was mit dem Vater des Kindes zu tun.

BENNY   Und sie will das Kind nicht. Oder vielleicht doch. Das ist komplett unklar.

SOPHIE   Warum habt ihr nicht einfach nachgefragt?

JONAS   Macht Doro gerade.

SOPHIE	Warum erzählt sie sowas Doro? Die haben praktisch nichts miteinander zu tun. Ich bin ihr viel näher.
JONAS	Na ja, das ist sicher so ein Mütterding, da kennt sich Doro einfach aus.
BENNY	Der Punkt ist, dass du nicht da warst.
SOPHIE	Da hätte man mich doch holen können!
BENNY	Es war nicht so eine feierliche Ankündigung, wie du vielleicht denkst.
SOPHIE	Meint ihr, ich müsste nach ihr sehen?
BENNY	Die kommen bestimmt gleich zurück, Außerdem bin ich mir sicher, dass Anna das lieber zuerst mit dir besprochen hätte. Du bist schließlich wie eine große Schwester für sie.

Jonas sieht Benny etwas erstaunt an.

SOPHIE	Oh Gott, sie tut mir so leid! Ein Wahnsinn, so kurz vor dem Examen ein Kind! Sie war so gut auf dem Weg, ein selbstbestimmtes Leben zu führen und diesen ganzen kleinbürgerlichen Ballast abzuwerfen.
JONAS	So kann man das auch nennen.
SOPHIE	Das ist bestimmt dieser Andreas, der sie bequatscht hat. Der ist tiefste Fünfziger. Der würde sie sowieso am liebsten heiraten und dann ab ins Reihenhaus. Ich verstehe nicht, wieso sie sich nicht schon längst von ihm getrennt hat. Die macht sich ihre ganze Zukunft kaputt, wenn sie jetzt ein Kind bekommt. Und dann mit diesem Typen, das ist der westfälische Katholizismus auf zwei Beinen, ein unfassbarer Spießer, ich habe mal einen Abend mit den beiden verbracht, unmöglich, er ist ihr ständig ins Wort gefallen, konnte nicht zuhören, hat nur Meinungen verkündet … das steckt in diesen Paschas drin, das kriegst du auch nicht raus aus denen. Oh Gott, die Arme, warum tut sie sich das an?
JONAS	Vielleicht solltet ihr das unter Frauen mal besprechen und wir gehen so lange Tischtennis spielen?
SOPHIE	Nein, sie soll wissen, dass wir alle für sie da sind. Holst du sie mal?
JONAS	Ich?

| SOPHIE | Ja, wenn ich da jetzt reingehe, müsste ich das mit Doro klären, und das passt gerade nicht so gut. |
| JONAS | Ich glaube, das ist kein Problem. |

Kurze Stille

| BENNY | Sieh mal nach ihnen. Oder geh aufs Klo. Irgendwas in der Art, okay? |

Jonas geht.

| SOPHIE | Nimmst du mich bitte kurz in den Arm, Benny? |

Benny geht zu Sophie, umarmt sie, hält sie fest. Sie beginnen langsam zu tanzen. Jonas kommt wieder, sieht sie, bleibt kurz ratlos in der Tür stehen, geht wieder nach draußen.

| BENNY | Tut mir leid, ich hätte es dir vorher sagen sollen. |
| SOPHIE | Ist gut, alles wieder gut. |

Sophie lässt ihn los, setzt sich wieder. Doro und Anna kommen.
Sophie geht zu Anna, umarmt sie.

SOPHIE	Meine liebe Anna, meine liebe, tapfere Maus.
ANNA	Geht schon wieder.
DORO	Wo ist denn Jonas? Hat er sich verdrückt, der alte Feigling? Jonas!

Anna hat sich Sophie entwunden. Jonas kommt wieder.
Anna will sich setzen.

| BENNY | Willst du auf dem Sofa sitzen? Das ist sicher bequemer für dich. |
| ANNA | Ich bin schwanger und nicht behindert. |

Anna setzt sich, die anderen ebenfalls.

| JONAS | *Leise zu Benny* Darf man das überhaupt noch sagen? Behindert? |

Alle sitzen wieder, keiner weiß, wie beginnen.

ANNA   Also, ihr müsst jetzt nichts sagen.

BENNY   Machen wir ja auch nicht.

DORO   Ich würde vorschlagen, wir lassen das Mädel einfach mal. Die macht das schon, oder?

ANNA   Ich wollte das gar nicht erzählen, das tut mir leid. Das ist alles noch so unklar.

JONAS   Ob du schwanger bist?

ANNA   Ob ich das Kind überhaupt will.

DORO   Wir haben das gerade besprochen: Solange Anna das noch nicht entschieden hat, entscheiden wir auch nichts. Wir dürfen uns nicht unter Druck setzen.

JONAS   Ich verstehe den Zusammenhang noch nicht so ganz.

SOPHIE   Wir reden nicht mehr über Flüchtlinge, weil sie schwanger ist? Geht's noch, Doro?

DORO   Ich sage nur, dass wir heute nichts entscheiden. Ich habe mich klar ausgedrückt, oder?

SOPHIE   Anna, hast du Angst vor Flüchtlingen, weil du schwanger bist?

ANNA   Nein.

SOPHIE   *zu Doro* Wolltest du ihr das einreden?

DORO   Ich habe nur gesagt, sie soll die Dinge trennen.

SOPHIE   Wie: Dinge. Flüchtlinge und Schwangere?

BENNY   Ich glaube, ich bin draußen.

ANNA   Okay, ich erkläre es euch.

DORO   Das musst du nicht.

SOPHIE   Herrgott Doro, bist du ihre Mutter?

ANNA   Nicht streiten. Okay. Also, ich bin schwanger, und das weiß bisher niemand außer euch und dem Vater des Kindes. Ich kenne ihn seit drei Monaten.

BENNY   Also nicht Andreas.

ANNA   Nein, und ich … ich weiß, das ist nicht fair und dass es …

BENNY   Das ist völlig in Ordnung, mach dir keinen Kopf.

JONAS   Vielleicht ist es auch nicht schlecht, dass es nicht Andreas ist, weil …

SOPHIE   Lasst ihr sie bitte erzählen, ja?

ANNA   Ich weiß nicht, ob ich das Kind will. Und ich weiß nicht, ob ich den Vater will. Aber der weiß, dass er das Kind will.

DORO	Er muss es ja auch nicht kriegen.
ANNA	Er will dabei sein, das mit mir zusammen erleben, er freut sich total auf das Kind. Aber ich weiß nicht, ob er mich noch will, wenn ich das Kind nicht will.
SOPHIE	Setzt er dich unter Druck?
ANNA	Nein, überhaupt nicht. Er respektiert meine Entscheidung, und das finde ich total süß von ihm. Aber ich mache bald Examen, ich spiele das alles im Kopf immer wieder durch und was das für mein Leben heißt. Er hat mir angeboten, zu ihm zu ziehen, aber das will ich nicht, weil seine Wohnung so dunkel ist, und dann müsste ich jeden Tag von Essen zur Uni fahren, das wäre alles echt kompliziert. Aber wenn ich das Kind will, möchte ich das schon gern mit ihm zusammen erleben. Damit er Verantwortung entwickeln kann und dass wir uns besser kennenlernen. Aber hier in meinem kleinen Zimmer zusammen, das kann nicht gut gehen.
SOPHIE	So klein ist es nun auch wieder nicht.
DORO	Für eine Familie?
ANNA	Ich brauche meinen Raum. Wo ich mir eine Duftkerze anmachen kann, wenn ich gestresst bin. Und wenn er in Bennys Zimmer wohnen würde, wären wir zusammen, aber nicht so eng, Wir hätten unser eigenes Leben und wären trotzdem zusammen.
DORO	Und wir könnten ihn jederzeit rausschmeißen, wenn er eine Niete ist.
ANNA	Er ist total lieb.
DORO	Ganz sicher.
BENNY	Okay, so langsam kapiere ich den Zusammenhang.
JONAS	Ist er typmäßig so wie Andreas?
ANNA	Total anders. Total.
JONAS	Klingt gut.
ANNA	Aber zuerst muss ich klären, ob …
BENNY	Schon klar.
SOPHIE	Ein Kommilitone?
ANNA	Nein, er arbeitet in einer Fahrradwerkstatt in Essen Katernberg. Das ist ein Sozialprojekt für Jugendliche mit Migrationshintergrund. Ich habe ihn auf einer Exkursion kennengelernt.

DORO	Veganer?
JONAS	Kann er Tischtennis spielen?
ANNA	Ich weiß nicht.
SOPHIE	Wie heißt er denn?
ANNA	Achmed Sücü.

Alle lachen.

Was ist daran so komisch?

DORO	Ist doch super, da haben wir alle Probleme gelöst. Wir tun was für die Integration und unterstützen junge Familien. Willkommen in der CDU. Und die Flüchtlinge kommen in seine Wohnung in Essen.

Lachen

SOPHIE	Moment, so einfach ist es nicht.
DORO	Weiß ich. Späßchen.
ANNA	Das ist alles noch nicht entschieden.
BENNY	Das musst du nicht jedes Mal dazusagen, Anna, das haben wir verstanden.
ANNA	Wollt ihr mich nur verarschen? Oder ist das alles blöd?
JONAS	Nein, überhaupt nicht.
ANNA	Er holt mich gleich ab, dann könnt ihr ihn kennenlernen, wenn ihr wollt. Also nur wenn ihr wollt. Ich wusste ja nicht, dass wir heute wirklich was besprechen. Sonst hätte ich mich nicht mit ihm verabredet.
SOPHIE	Das geht mir alles ein bisschen schnell.
ANNA	Das tut mir total leid.
BENNY	Wir müssen heute nichts entscheiden.
JONES:	Jetzt sagst du das auch schon.
BENNY	Das ist dann leider nicht das ältere Ehepaar, von dem du geträumt hast, Jonas.
DORO	Nun mal ernsthaft. Ich finde, treffen können wir ihn auf jeden Fall, oder?
SOPHIE	Immer mit der Ruhe.
ANNA	Sophie, was ist denn?
SOPHIE	Alles gut.

ANNA	Bist du irgendwie sauer?
SOPHIE	Wann kommt er?
ANNA	Jetzt irgendwann.
SOPHIE	Versteh das nicht falsch, aber könntest du uns einen Moment alleine lassen?
ANNA	Wieso?
SOPHIE	Ich würde mich gern mit den anderen kurz besprechen.
ANNA	Und warum muss ich da raus?
SOPHIE	Anna, das ist ja wie ein WG-Casting, also du hast einen Vorschlag eingebracht und wir sollten den besprechen.
ANNA	Aber ich wohne doch auch hier.
DORO	Anna, mach es nicht kompliziert, ja?
JONAS	Dauert nicht lange.

Anna ab.

SOPHIE	Doro, eins nur. Bloß weil du einen pathologischen Hass gegen Araber hast, heißt das nicht, dass dieser Typ hier einzieht.
DORO	Ich habe keinen Hass, was soll der Quatsch.
SOPHIE	Wenn dieser Mann gleich kommt und wir haben einen schlechten Eindruck, dann sollten wir den Mut haben, Nein zu sagen.
BENNY	Er ist der Vater ihres Kindes. Es wäre ganz schön heftig, Nein zu sagen.
SOPHIE	Gut. Und wenn es klappt mit den beiden, schmeißt du nächstes Jahr eine junge Familie aus deinem Zimmer. Das wäre auch heftig.
BENNY	Ja, aber das ist die Bedingung, oder?
SOPHIE	Es kann übrigens auch sein, dass sich dein Bademantel-Walk zum Sonnenbad aufs Dach dann auch erledigt hat. Er ist ein Türke aus Katernberg.
JONAS	Aber aus einer Fahrradwerkstatt.
SOPHIE	Du hast sonst immer Witze über Annas Männergeschmack gemacht.
JONAS	Aber er ist schließlich der Vater ihres Kindes.
SOPHIE	Das heißt momentan nur, dass er sich ein bisschen blöder angestellt hat als seine Vorgänger. Oder es wollte.
BENNY	Ja, das stimmt irgendwie.

SOPHIE	Und ich muss ehrlich sagen, dass ich nicht weiß, wie es sich hier mit einer jungen Familie lebt. Mit allem, was dazu gehört. Ich weiß nicht, ob mir das gut tut.
DORO	Gerade wolltest du noch eine syrische Familie.
SOPHIE	Das ist was anderes.
DORO	Aber meine Tochter hat hier auch mit uns gelebt.
SOPHIE	Leandra ist hier mit vierzehn eingezogen, weil sie sich mit ihrem Vater nicht mehr verstanden hat, die ist hier nicht aufgewachsen, die hat hier pubertiert, und das war nicht immer ein Zuckerschlecken …
DORO	Ich habe dir erklärt, was bei ihr los war!
BENNY	Das ist ein anderes Thema, Sophie.
SOPHIE	Aber wenn hier ein Kind zur Welt kommt …
JONAS	Hier?!
SOPHIE	… dann bestimmt die Familie den Rhythmus, und das ist ihr gutes Recht. Dann sind wir alle gefragt, dann ändert sich das Leben hier gewaltig. Ich will nur, dass sich alle darüber im Klaren sind.
DORO	Und das wäre bei den Syrern nicht so.
SOPHIE	Nein, das wären Gäste.
DORO	Glaube ich eben nicht. Das ist dein Denkfehler. Du hast Angst, dass Anna und dieser Achmed Ansprüche stellen und deine Syrer nicht. Weil du glaubst, dass wir da die Spielregeln machen können. Also wenn ich eine Rassistin bin, dann bist du es auch.
SOPHIE	Ich habe dich nie eine Rassistin genannt.
BENNY	Das war ich.
DORO	Stimmt.
BENNY	Und ich habe mich entschuldigt.
JONAS	Es ist dein Zimmer. Sag du mal was dazu.
BENNY	Ihr müsst hier leben. Ich will das Zimmer nur in einem Jahr wiederhaben.
SOPHIE	Vielleicht haben wir uns dann so an die kleine Familie gewöhnt, dass wir sie nicht wieder hergeben wollen? Was machst du dann?
JONAS	Wenn das zwischen denen nicht funktioniert, ziehen die irgendwann aus. Und wenn es nicht funktioniert, weil das Kind durchgängig brüllt oder sie ständig Streit haben, ziehe ich aus. Dann kannst du mein Zimmer haben.

BENNY	Ich will aber mein Zimmer.
JONAS	Damit bist du nicht alleine.
DORO	Vielleicht schmeißen wir ihn auch schon vorher raus.
SOPHIE	Das Einzige, was dir zu ihm einfällt, ist, dass wir ihn rausschmeißen können.
DORO	Ich habe einfach gute Erfahrungen damit, unangenehme Männer rauszuschmeißen.
SOPHIE	Anna kann uns aber nicht hören, oder?
DORO	Ich habe ihre Zimmertür gehört.
SOPHIE	Gut.
JONAS	Und was sagen wir jetzt, wenn er kommt?
BENNY	Nichts, wir plaudern.
JONAS	Worüber denn?
BENNY	Du kannst über Musik mit ihm reden.
JONAS	Kennst du einen einzigen Türken, der Jazz hört?
BENNY	Ich kenne überhaupt niemanden, der Jazz hört außer dir. Zumindest unter sechzig.
JONAS	Arschloch.
SOPHIE	Wir sollten Anna wieder reinholen, sonst denkt sie wer weiß was.
BENNY	Machst du das, Jonas?
JONAS	Wieso ich?
DORO	Ihr habt am wenigsten miteinander zu tun, da fragt sie sicher nicht, was wir besprochen haben.
SOPHIE	Ich mache das. Leg mal Musik auf, es sollte hier alles ganz entspannt wirken, wenn er kommt.
BENNY	Wenn es entspannt sein soll, mach lieber du die Musik.
JONAS	Anna und Achmed. Klingt wie ein politisch korrektes Kinderbuch.
DORO	So was ist es ja irgendwie auch.

Sophie steht auf und klappt ihr Macbook auf, Sphärische Entspannungsmusik ist zu hören, Sophie setzt sich wieder. Jonas geht zum Macbook drückt einen Knopf; die Musik ist jetzt leise über die Boombox zu hören.

DORO	Benny, gib Bierchen.
BENNY	Tut dir das gut?
DORO	Das weiß man vorher nie.
JONAS	Man hört gar nichts, muss das so?

SOPHIE   Das ist Entspannungsmusik.

Jonas dreht an der Boombox die Lautstärke höher. Es klingelt.

JONAS   Was machen wir, wenn er so ein Häkelkäppi und Fussel-
            bart hat?
DORO   Dann schmeißen wir ihn raus.
SOPHIE   Wenn er religiös wäre, würde er bestimmt kein Kind von
            einer Ungläubigen wollen.
BENNY   Können wir bitte sofort das Thema wechseln?
DORO   Und mach mal diese Yogamucke aus. Wir kommen sonst
            wie Hippies rüber.

*Jonas macht die Musik aus. Anna kommt mit Achmed herein, er ist
attraktiv und modisch gekleidet.*

ACHMED   Ich wollte nicht lange stören, nur kurz Hallo sagen. Ich
            bin Achmed.
SOPHIE   Schön, dass wir uns endlich mal kennenlernen.
ANNA   Ich habe ihnen gerade von dir erzählt.
BENNY   Setz dich doch. Willst du einen Tee?
ACHMED   Bierchen wäre geil.
JONAS   Aber immer.

*Jonas gibt ihm ein Bier, will ihm einen Öffner reichen, Achmed öffnet das
Bier mit den Zähnen.*

BENNY   Boah, nicht schlecht.
ACHMED   Funktioniert immer, um die Ghettokids zu beeindrucken.
            Ich arbeite in einer Fahrradwerkstatt.
ANNA   Hab ich ihnen erzählt.
BENNY   Du trinkst Bier auf der Arbeit?
JONAS   Also in einer Fahrradwerkstatt müsste das eigentlich
            gehen, oder?
ACHMED   Kann ich nicht bringen als Chef. Aber der Trick funktio-
            niert auch mit Colaflaschen.

Achmed nimmt einen großen Schluck, alle betrachten ihn interessiert.

DORO	Nun setz dich doch, Junge.
ACHMED	Ich störe aber gerade kein wichtiges WG-Meeting.
ANNA	Es war nur ein Essen.
BENNY	Wir sind auch schon beim Nachtisch.
DORO	Hunger?
ACHMED	Nein danke, ich habe mir noch schnell was gemacht, bevor ich los bin.
JONAS	Du kannst kochen?
ACHMED	Ich kann mit einem Dosenöffner umgehen.
ANNA	Das stimmt nicht, du kochst total lecker.
ACHMED	Ja, aber nicht für mich allein. Für dich gebe ich mir natürlich richtig Mühe.
ANNA	Er kann total lecker Kuzu Güvec[14].
ACHMED	Das ist meine Geheimwaffe. Und ihr kocht immer zusammen?
SOPHIE	Einmal im Monat jour fix[15].
ACHMED	Das sind doch diese Tütensuppen zum Aufgießen.
SOPHIE	Ein fester Termin, um zu besprechen, was anliegt.
ACHMED	Sollte ein Scherz sein.
SOPHIE	Ach so.
DORO	Und ihr habt euch bei was noch mal kennengelernt?
ANNA	Einer Exkursion. Wir sehen uns mit dem Seminar immer Sozialprojekte an, es wollen schließlich nicht alle später in einer Kita arbeiten.
ACHMED	Das war schräg, sage ich euch. Ich sag meinen Kanaken noch: Morgen kommen zwölf Studentinnen aus Düsseldorf, da müssen wir einen guten Eindruck machen. Ich dachte so an Werkstatt aufräumen, Arbeit simulieren und keine blöden Anmachersprüche. Am nächsten Tag kommen alle, als wäre Zuckerfest: gegelte Haare, Stylerklamotten und gestunken haben die, als wäre bei Rossmann das Parfümregal umgefallen. Da stehen dann die Mädchen und keiner von den gepimpten Kanaken fasst einen Schraubenzieher an, weil sie alle Sorge hatten, sich ihre weißen Sneakers einzusauen.

---

[14] **Kuzu Güvec:** Ofengericht mit Lammfleisch und Gemüse
[15] **jour fix (frz.):** fester Zeitpunkt, zu dem sich bestimmte Personen regelmäßig treffen

Anna und Achmed lachen.

Scheiße, war das peinlich.

SOPHIE   Hast du gerade Kanaken gesagt?
ACHMED   Sorry, das ist so ein Spruch in der Werkstatt.
ANNA   Haben wir ihn damals auch gefragt.
ACHMED   Das hat sich irgendwann so ergeben, war nur ein Joke, aber dann blieb das hängen. Wenn ich Kanaken sage, ist alles entspannt. Wenn ich anfange, sie beim Vornamen zu nennen, wissen sie, dass es Stress gibt. Man muss denen regelmäßig in den Arsch treten, sonst passiert gar nichts bei diesen Hängern. Struktur durch Anschiss.
SOPHIE   Das ist sicher eine wichtige Arbeit, die du da machst.
JONAS   Und Fahrräder ist irgendwie spannend.
ACHMED   Echt jetzt? Da bist du der Einzige. Die kotzen alle ab, weil sie natürlich lieber an fetten Maschinen rumschrauben würden oder Autos tunen und so einen scheiß. Ich sag denen immer: Lernt erst mal morgens aufstehen.
SOPHIE   Arbeiten da auch Mädchen?
ACHMED   Das ist nichts für Mädchen.
SOPHIE   Ach, und wieso nicht?
ACHMED   Ich betreue die Spasten, die die Schule geschmissen haben, die Mädchen sind meistens schlau genug, weiter hinzugehen. Außerdem, kennst du Mädchen, die gerne an Fahrrädern rumschrauben? Guck dir mal so ein Mädchenfahrrad an. Licht kaputt, Bremse kaputt und keine Luft in den Reifen. stört die nicht. Gibt denen nichts. Und dann in einer Werkstatt mit halbstarken Kanaken?
SOPHIE   Entschuldige, kannst du bitte aufhören, Kanaken zu sagen?
ANNA   Er hat es doch erklärt.
SOPHIE   Ja, aber es gibt Wörter, die ich einfach nicht ertrage. Wie Neger. Oder Fotze. Oder eben Kanaken.

Kurze Stille.

Ich wollte dich nicht unterbrechen.

ACHMED	Kein Problem. Aber mal ehrlich, interessiert euch das wirklich?
JONAS	Ich finde das spannend.
ACHMED	Wegen der Fahrräder oder weil ich der erste Türke bin, den ihr trefft?
BENNY	Der erste, der kein Gemüse oder Handys verkauft.
ACHMED	*lacht* Der war gut. Und was macht ihr so?
DORO	Ganz unterschiedlich.
ACHMED	Klingt auch spannend.
BENNY	Und hast du da einen festen Job oder ist das eine Maßnahme?
ACHMED	Komisch, ich fühle mich, als ob ich mit den Brauteltern rede. Oder bin ich gerade paranoid?
ANNA	Ich habe es ihnen vorhin gesagt.
ACHMED	Solche Sachen besprecht ihr beim jour fix?
ANNA	Wir haben es nicht besprochen, ich habe es nur gesagt.
ACHMED	Klar, warum nicht. Also, das ist fester Job, Babo, mein Sohn, wird nisch hungern müssen. Ouallah.

Höfliches Lachen, kurze Stille.

> Nein, jetzt mal ehrlich. Geht es darum? Hab ich kein Problem mit. Du entscheidest, Anna, und du kannst, wen immer du willst, um Rat fragen. Aber dann sagt mir das an, okay? Dann machen wir das offen.

BENNY	Wir wollen uns wirklich nicht einmischen, das hast du falsch verstanden.
DORO	Das ist allein Annas Entscheidung.
JONAS	Eure, besser gesagt.
ACHMED	Alles okay, Maus? Du bist so still.
ANNA	Was soll ich denn sagen? Du darfst mich nicht unter Druck setzen, Achi.
ACHMED	Ich mache keinen Druck, sondern die. Ich weiß, dass du Zeit brauchst, und das respektiere ich.
JONAS	Ich weiß nicht, seid ihr euch sicher, dass wir bei diesem Gespräch dabei sein sollten?
ACHMED	Wenn ihr so wichtig seid, dass sie euch das erzählt, wo es noch nicht mal ihre Eltern wissen oder, na …

JONAS	Andreas?
ACHMED	Wer?
JONAS	Egal.
ACHMED	Ich meine, deine beste Freundin …
ANNA	Sandra.
ACHMED	… dann sollt ihr auch wissen, wie ich darüber denke.
DORO	Du musst wegen uns wirklich nicht …
ACHMED	Okay, ich komm aus dem Pott und wir stehen zu unserem Wort. Mein Vater hat noch die Kohle aus der Wand gekloppt und da muss man sich aufeinander verlassen können. Das ist drin in mir. Anna, du kannst dich auf mich verlassen und wenn ich sage, ich will das Kind, dann will ich es, weil ich dich will, weil ich dich liebe, okay? Und wenn du sagst, du kannst das noch nicht, dann tut mir das weh, aber das ändert nichts für mich. Wenn du ja sagst, kannst du bei mir wohnen, habe ich dir gesagt, weil ich dabei sein will. Wenn du mich hier haben willst, kein Problem, mache ich auch. Düsseldorf ist zwar ein bisschen ab vom Schuss, aber das packe ich schon, es gibt gute Zugverbindungen. Ich will nur, dass ihr alle wisst, dass es mir ernst ist.

Stille, Achmed trinkt sein Bier aus.

JONAS	Respekt, Alter.

Die anderen sehen Jonas etwas verwundert an. Anna steht auf und geht zu Achmed, umarmt ihn, hält ihn fest, die anderen versuchen diskret, woandershin zu schauen.

BENNY	Bisschen Musik, Jonas?
JONAS	Mach du lieber.
SOPHIE	Ich brauche jetzt einen Gin Tonic. Noch jemand einen?
DORO	Stell einfach auf den Tisch.

Anna hat sich von Achmed gelöst, alle anderen suchen Gläser, stellen Cracker auf den Tisch, Jonas geht zu Achmed, schlägt ihm unbeholfen auf die Schulter und setzt sich wieder.

ACHMED Jetzt denkt ihr wahrscheinlich: Was für ein Kitschbolzen, bloß nicht mit dem.

DORO Nee, du bist schon richtig, Junge. Aber ehrlich, wir wollten dich bloß kennenlernen, keiner wollte, dass du dich hier nackig machst.

ACHMED Klar, verstehe ich, wenn man hört, dass es ein Türke ist, denkt man sicher wer weiß was.

SOPHIE Wirklich ganz blöde Frage jetzt: Du hast doch türkische Wurzeln, oder?

ACHMED Achmed, wonach klingt das denn?

SOPHIE Ich meine nur, du wirkst so … untürkisch ist jetzt das falsche Wort … versteh mich jetzt nicht falsch.

ACHMED Du, ich habe nichts gegen Rassisten. Ich bin auch einer, mit Palästinensern zum Beispiel kannst du mich jagen.

Doro lacht.

DORO Der macht mir Spaß.

SOPHIE Das kann ich mir vorstellen, Doro,

ACHMED Das mit dem Rassismus war ein Joke, ist klar, oder?

SOPHIE Etwa so wie der Kanakenjoke, oder?

DORO Jetzt sei nicht so empfindlich, Sophie.

SOPHIE Ich brauch mal ne Pause.

Sophie ab.

ACHMED Das habe ich nicht böse gemeint.

DORO Schon klar.

BENNY Kannst du mal nach ihr sehen, Jonas?

Jonas geht Sophie hinterher.

BENNY Er macht es wirklich.

ANNA Das war echt nicht nötig Achmed! Kannst du vielleicht ein paar Scherze weniger machen? Ginge das?

ACHMED Sorry, tut mir echt leid.

BENNY Es ist nicht deine Schuld, das liegt an mir.

ACHMED Aber du hast doch gar nichts gesagt.

BENNY	Ich habe ihr nicht erzählt, dass ich ein Jahr in die USA gehe, ich hätte es ihr zuerst sagen sollen. Deshalb ist sie so ein bisschen … ich kläre das nachher mit ihr.
ACHMED:	Ist sie deine Freundin?
BENNY	War sie. Lange her.
ACHMED	Wo ist das Problem?

Jonas kommt wieder.

JONAS	Sie ist auf dem Klo, ich wollte nicht klopfen.
BENNY	Hast du irgendwas gehört?
JONAS	Was gehört?
BENNY	Weint sie?
JONAS	Willst du nicht einfach selber nachsehen?
ACHMED	Moment, du bist ein Jahr weg?
BENNY	Ja.
ACHMED	Das ist doch genial. Was machst du mit deinem Zimmer?

Stille

| BENNY | Das … das ist noch nicht entschieden. |
| ACHMED | Super. Also ich würde das nehmen. Also wenn das für dich in Ordnung ist, Anna. Und für euch natürlich auch. Oder wollt ihr das nicht? |

Stille

| BENNY | Müsste man … das kommt jetzt ein bisschen plötzlich. |

Stille

ACHMED	Anna, was geht hier ab? Du wusstest das, oder?
JONAS	Das ist kompliziert, weil wir das diskutieren müssten.
BENNY	Oder einen Termin zum Diskutieren finden.
JONAS	Wir sollten auf jeden Fall warten, bis Sophie wieder da ist.

Stille, Achmed steht auf und will gehen.

| ACHMED | Verarschen kann ich mich alleine. |

ANNA   Bleib hier, bitte.
ACHMED   Hör mal, du weißt, dass hier ein Zimmer frei ist, ich mache
          mich hier zum Deppen, du sagst nicht, was los ist ... ist
          doch Scheiße. Willst du mich abschießen? Dann sag das
          doch gleich!
ANNA   Nein! Und sagt ihr jetzt verdammt noch mal auch was! So
          könnt ihr mit ihm nicht umgehen, das ist total beschissen,
          merkt ihr das nicht?

Sophie kommt wieder.

          Und damit meine ich auch dich! Ich will, dass das sofort
          geklärt wird. Also, Achmed, das Zimmer ist ein Jahr frei
          und wir haben diskutiert, ob wir Flüchtlinge aufnehmen,
          und da habe ich gesagt, dass ich das gern für dich hätte,
          wenn ich mich für das Kind entscheide.
SOPHIE   Eben, deshalb ...
ANNA   Nein, ich finde, dass du das Zimmer auf jeden Fall bekom-
          men solltest, auch wenn ich mich dagegen entscheide. Ich
          habe mich nur nicht getraut, das zu sagen, weil ich Angst
          hatte, dass ihr mich unterbuttert. Ich will das, weil ich mit
          dir zusammenleben will.

Achmed umarmt Anna, die anderen versuchen wieder, woandershin zu schauen.

DORO   Ihr sagt Beschied, wenn es weitergeht, Kinder.
ACHMED   Warum habt ihr das nicht gleich gesagt? Ist doch eine klare
          Sache, kann man doch sagen, Komme ich mit zurecht, ich
          bin nicht empfindlich.
DORO   Okay, wenn wir schon Klartext reden: Die letzten Männer-
          bekanntschaften von Anna waren vergleichsweise nicht so
          der Hauptgewinn, also keine, mit denen wir alle unbe-
          dingt zusammenwohnen wollten. Deshalb waren wir
          froh, als sie sagte, dass du vorbeikommst.
ANNA   Das ist so gemein.
DORO   Niemand kann was für sein Beuteschema. Außerdem
          deute ich damit auch dezent an, dass Achmed eine andere
          Liga ist, ich dachte, das wäre klar geworden.

ANNA	Die Männer, die ihr kennen gelernt habt …
DORO	Liebchen, dieses spezielle Thema sollten wir jetzt vielleicht nicht vertiefen. Wir reden über Achmed, oder?
ANNA	Genau.
DORO	Achmed oder Flüchtlinge, um genau zu sein. Nun kennen wir ihn und werden das entscheiden. Aber da wäre es hilfreich, wenn wir die Entscheidung unter uns fällen könnten. Übrigens ist es nicht ganz fair, uns Unklarheit vorzuwerfen, dein bedingungsloses Ja zu deinem wirklich netten Freund durften wir gerade live und in Farbe miterleben, das hat sich vor einer halben Stunde noch anders angehört. Ansonsten wäre ich euch sehr verbunden, wenn ihr euch nicht ständig um den Hals fallen würdet, wir glauben euch das junge Glück auch so.
ANNA	Behandle mich nicht wie einen Teenie! So kannst du mit deiner Tochter reden.
ACHMED	Reg dich nicht auf, ist voll korrekt, gute Ansage.
DORO	Danke für deine Unterstützung. Den Hauptmietvertrag hat übrigens Sophie. Das ist die Frau, die du im Spaß eine Rassistin genannt hast.
SOPHIE	Wir entscheiden das gemeinsam.
ANNA	Und wir warten in meinem Zimmer, oder was?
SOPHIE	Du kannst gern hierbleiben. Andererseits wissen wir, was dein Standpunkt ist und wie du abstimmen wirst.
ANNA	Benny wird gar nicht da sein. Entscheidet er mit?
BENNY	Hallo, ich bin noch hier, du kannst mich ansprechen. Übrigens ist es immer noch mein Zimmer und mein Mietvertrag. Und meine Sachen werden in dem Zimmer stehen. Ein bisschen sollte ich auch entscheiden dürfen, oder?
ACHMED	Nicht streiten, Maus.
ANNA	Beruhige mich nicht ständig, okay?
ACHMED	Aber die Sache ist klar. Nur eins noch: Wenn ihr euch gegen mich entscheidet, weil ihr glaubt, dass ich hier nicht reinpasse oder zu viele blöde Witze reiße, okay. Dann kriegen Anna und ich das auch so hin. Aber wenn ihr es grundsätzlich gut fändet, dass ich hier bei euch wohne, aber trotzdem lieber Flüchtlinge aufnehmen wollt, weil ihr das irgendwie groovy findet oder sinnvoll, edel oder

weiß der Geier was, dann sagt mir das nicht, sonst werde ich sauer. Also kein sorry, du bist ein Supertyp, aber sorry, wir müssen den armen Schweinen helfen … Anna und ich sind zusammen und vielleicht auch bald eine Familie und wir müssen dann losziehen, um eine Wohnung zu finden, und irgendwelche Syrer setzen sich hier ins gemachte Nest. Dann kann das noch so toll von euch sein, die haben dann meinen Platz, und das fühlt sich nicht gut an, weil ich sicherlich das Gefühl hätte, dass ich die Zeche zahle. Wieder mal. Nicht nur, dass ich schon angepöbelt worden bin von Arschlöchern, die mich für einen Flüchtling gehalten haben. Nicht nur, weil ich eine Menge Leute kenne, die auch gerne so eine Vollbetreuung hätten wie die Flüchtlinge, sondern weil meinen Vater niemand integriert hat, als er hier ankam, das Wort gab es noch gar nicht. Die haben dem gezeigt, wo bei der Spitzhacke vorne und hinten ist, dann ging es ab in den Schacht. Deshalb sagt hier auch keiner: Mensch Achmed, was machst du denn in einer Fahrradwerkstatt in der Bronx, warum bist du nicht Arzt oder Rechtsanwalt? Sondern ihr sagt, dass mein Job wichtig ist und Fahrräder sowieso geil. Also versucht nicht, mir euer Nein zu erklären, das ist besser für meine Nerven. Okay, ich lass euch allein.

JONAS   Spielst du eigentlich Tischtennis?
ACHMED   Hat das Schaf Locken? Ist der Papst katholisch?

Achmed ab, Anna wirft noch einen Blick in die Runde, dann geht sie ihm nach. Stille.

JONAS   Sind sie jetzt weg?
BENNY   Ja, das war die Haustür.
JONAS   Die arme Sau.
DORO   Wer von beiden?
JONAS   Wie kommt die an so einen Mann? Er ist nett, witzig, hat Charme, was in der Birne, sieht auch gut aus und liebt sie. Wieso lässt er sich ausgerechnet auf Anna ein? Wie kommt die an den nach all den Trantüten? Der meint es ehrlich mit ihr, der will das Kind wirklich. Dabei könnte er bestimmt ganz andere Frauen haben. Kapiere ich nicht.

BENNY	Was ist denn mit dir los?
JONAS	Sag du doch mal, als Mann.
BENNY	Ist schon ein Sahneschnittchen.
DORO	Du bist grade ganz schön annafeindlich.
JONAS	Das kann nicht gutgehen.
DORO	Das geht uns nichts an, Jonas.
JONAS	Mich hat das echt berührt, wie er ihr gesagt hat, dass er sie liebt. Ganz großes Kino.
BENNY	Du klingst wie eine sentimentale Schwuchtel, Jonas. Das war höchstens Vorabendserie. Türkische Vorabendserie.
DORO	Kriegt euch wieder ein, Mädels. Können wir zum Thema kommen?
JONAS	Klar nehmen wir ihn, er hat Recht, mit allem, was er gesagt hat.
DORO	Ich bin auch dafür.
JONAS	Das sind schon mal drei Stimmen für Achmed. Wie sieht es mit dir aus?
BENNY	Also das mit der Vollbetreuung für Flüchtlinge muss er nur auf ein Plakat malen, dann kann er bei jeder AfD-Demo mitlaufen, das ist politisch mehr als unscharf.
DORO	Sei nicht so kleinlich. Außerdem erlebt er das Problem völlig anders als wir. Was meinst du, Sophie?
SOPHIE	Ich habe nicht vor, mich von einem wertkonservativen türkischen Sahneschnittchen moralisch erpressen zu lassen. Ich könnte kotzen. Und ich könnte auch kotzen, wie du über Anna sprichst, Jonas, dabei warst du auch mit ihr im Bett. Du bist so ein übler Chauvi[16], da hole ich mir nicht noch einen von der Sorte ins Haus.

Kurze Stille

BENNY	Ich hab nichts erzählt, Jonas.
SOPHIE	Lüg nicht, Benny.
BENNY	Echt? War ich das doch?
SOPHIE	Egal. Was Achmed betrifft: Ja, ich kann für mich sagen, dass ich ihn nicht will, weil er nicht hier reinpasst, der hat

---

[16] **Chauvi (Chauvinist):** Mann, der sich Frauen gegenüber überlegen fühlt, der ein übertriebenes männliches Selbstwertgefühl hat

schon in den zehn Minuten, die er da war, das Gespräch bestimmt. Auch wenn er ein putziges Kerlchen ist, der hat mir zu viel Kraft. Ich habe schon bei Anna Bedenken gehabt, weil sie Studentin ist und ein paar Jährchen jünger ist als wir. Dafür kann sie nichts, aber wenn der jetzt noch dazu kommt, fühle ich mich endgültig wie in einem Mehrgenerationenhaus.

DORO   Die sind dir zu jung?

SOPHIE   Nein, die nehmen mir zu viel Raum ein. Und das wird sicher nicht besser, wenn sie ein Kind haben. Dafür können sie auch nichts, für junge Eltern gilt verminderte Zurechnungsfähigkeit und der Notwehrparagraph, aber ich will nicht, dass wir Erwachsenen hier als Babysitter enden, und das werden wir, da bin ich mir sicher.

JONAS   Aber der packt das, das ist ein Supertyp.

SOPHIE   Jonas, was lebst du denn gerade aus? Wenn du mit Supertypen zusammenwohnen willst, die Tischtennis spielen, musst du zur Bundeswehr gehen!

JONAS   Wenn das Kind da ist, werden sie sowieso irgendwann ausziehen, müssen sie ja, weil Benny wiederkommt.

SOPHIE   Und wenn Benny nicht wiederkommt?

BENNY   Ich werde wiederkommen, das habe ich gesagt.

DORO   Benny, nun sei mal realistisch, in einem Jahr kann viel passieren.

SOPHIE   Du wirst alles tun, um in New York zu bleiben, du bist da bei dem Mann, den du liebst.

BENNY   Ja, schon.

SOPHIE   Und wir sind hier die kostenlosen Babysitter für den Sohn, ich betone, den Sohn von Achmed, der ganztägig den lustigen Kanakenhäuptling von Essen gibt, während Anna ihr Examen macht. Willst du das, Jonas?

JONAS   Wenn ich die Probezeit hinter mir habe, suche ich mir sowieso irgendwann was Eigenes. Das ist doch normal, oder?

SOPHIE   Okay, die Ratten verlassen das sinkende Schiff.

DORO   Glaubst du, deine Flüchtlinge machen weniger Arbeit?

SOPHIE   ›Meine‹ Flüchtlinge?

DORO	Die werden auch nicht den ganzen Tag still in ihrem Zimmer sitzen und sich Fotos aus Aleppo[17] anschauen.
SOPHIE	Die haben aber keine Wohnung in Essen, in die sie ziehen könnten, die haben Hilfe wirklich nötig!
DORO	Du hast ein Helfersyndrom, Sophie!
SOPHIE	Benny? Sagst du auch mal was? Ich verteidige hier deine Idee.
BENNY	Vielleicht bist du gerade zu emotional, Finchen, und ich kann das auch gut verstehen …
SOPHIE	Ach wirklich?
BENNY	… deswegen lädst du das vielleicht mit zu viel Bedeutung auf.

Kurze Stille

SOPHIE	Ja? Ich höre?
BENNY	Ich kann mir vorstellen, dass es für dich eine Belastung ist, dass hier ein Baby sein wird. Also nicht wegen der Betreuung … sondern … ich könnte mir vorstellen … und ich respektiere das … dass es nicht einfach ist, wenn Anna hier in einer Beziehung lebt und Mutter wird …

Kurze Stille

	… abgesehen davon, dass es für dich enorm wichtig ist, zu helfen, diesen Menschen, also den Flüchtlingen eine Stimme zu geben, ich sehe auch, dass das für dich als Künstlerin eine Riesenchance wäre, aber …
DORO	Ist gut jetzt, Benny.
BENNY	Ich glaube, ich habe mich ungeschickt ausgedrückt. Jonas, sag du doch mal.
JONAS	Lieber nicht.
SOPHIE	Nein, das ist schon rübergekommen. Vielleicht ein bisschen umständlich formuliert, aber ich kann das gern übersetzen und die Erkenntnisse des Abends kurz zusammenfassen. Ich lehne die Jungfamilie ab, weil ich eifersüchtig

---

[17] **Aleppo:** eine im Bürgerkrieg in Syrien schwer zerstörte Stadt

auf Annas Baby bin, da ja jede Frau über dreißig wunderlich wird, wenn sie nicht geworfen hat, das ist die Natur,
das geht keiner Katze anders. Die Flüchtlinge will ich nur
deshalb unterstützen, weil ich ein Helfersyndrom habe
und versuche, meiner absolut irrelevanten Existenz als
Photographin einen Sinn zu geben, indem ich ein drittklassiges Projekt realisiere, das sich wieder keiner von
euch ansehen wird. Aber das ist egal, weil Doro sowieso
ausziehen wird, wenn hier Araber auftauchen, Jonas aus-
zieht, wenn er endlich der spießige Banker ist, der er
immer schon sein wollte, und Benny sowieso in New York
bleibt, was er aber nicht zugibt, weil er mich schonen will,
da ich, wie bereits erwähnt, wunderlich bin, was nicht
zuletzt damit zu tun hat, dass ich damals ein Kind von
ihm wollte, was ihn so schockiert hat, dass er sofort schwul
wurde, was das schönste Kompliment ist, das man seiner
Freundin mit Kinderwunsch machen kann.

Stille

DORO	Du bist ungerecht.
SOPHIE	Ich werde gleich noch viel ungerechter, Doro. Raus hier, alle.
DORO	Ich glaube, du brauchst ein bisschen Ruhe.
SOPHIE	Nein, ich brauche die Wohnung. Zum nächsten Ersten seid ihr draußen. Das ist meine Wohnung. Ich will nicht mit Leuten zusammenwohnen, die einen Akt der Huma- nität mit einer psychischen Störung verwechseln. Sucht euch eine Wohnung in Solingen. Oder gleich in Ungarn oder Polen.

Stille

Hört ihr schwer?!

Jonas, Benny und Doro stehen auf.

DORO Kommt, Jungs, wir gehen ein bisschen an die frische Luft.

Sophie reagiert nicht, die anderen gehen. Sophie überlegt kurz, dann nimmt sie ihr Handy und wählt.

SOPHIE Hallo Papa? Hast du kurz Zeit? Ich wollte dich etwas fragen. Ja, okay, das wusste ich nicht. Ich rufe dich über Skype an.

Sophie klappt ihr Macbook auf, telefoniert über Skype. Der Vater hebt ab, man hört im Folgenden seine Stimme dröhnend laut über Jonas' Boombox.

VATER *off* Hallo Sophie, ich habe nicht viel Zeit. Was ist denn?

Sophie geht zur Boombox, sucht nach einem Knopf, um sie leiser oder auszustellen, findet ihn aber nicht.

VATER *off* Sophie? Wo bist du denn?
SOPHIE Gleich, einen Moment.
VATER *off* Ich verstehe dich nicht, du musst näher ans Mikro.
SOPHIE Ja doch.

Sophie nimmt die Boombox und geht zurück zu ihrem Macbook, Rückkopplungen

VATER *off* Was ist das für ein Lärm bei dir?
SOPHIE Ich weiß nicht, wie man das Teil ausschaltet.
VATER *off* Du rufst mich in Vancouver an, weil du mit deinem Computer nicht klarkommst?

Sophie stellt die Boombox etwas weiter wieder ab, legt ein Kissen darauf.

VATER *off* Herrgott nochmal, willst du mit mir reden oder nicht?
SOPHIE Ja, ja …
VATER *off* Also, was ist los, ich muss gleich wieder rein. Ist wieder was mit der Wohnung?
SOPHIE Ich habe meinen Mitbewohnern gekündigt, weil ich Flüchtlinge aufnehmen will. Ich kann dir das alles irgendwann in Ruhe erklären, wenn du zurück bist. Eine Frage nur: Muss ich das mit der Eigentümergemeinschaft abklären? Oder brauche ich da eine Vollmacht von dir? Bist du

noch dran? Verstehst du mich? Falls du mich noch hören kannst, ich rufe dich nochmal an.

VATER *off* Sophie, ich fasse mich kurz, weil ich wieder in dieses Meeting muss, um das Geld zu verdienen, mit dem ich unter anderem die Wohnung gekauft habe, in der du jetzt sorgenfrei leben kannst. Als Absicherung und Sicherheit, bis du von deiner Arbeit leben kannst. Das dauert ein bisschen länger, als ich dachte. Nun gut. Aber eins muss klar sein, und das sage ich ganz deutlich: Wenn du jetzt anfängst, Mutter Teresa[18] zu spielen, dann haben wir ein Problem. Ich weiß nicht, welchen Ärger du mit deinen Mitbewohnern hast, aber zweihundert Quadratmeter Altbau mit Stuck und Parkett habe ich nicht für ein Heidengeld gekauft, damit du jetzt ein privates Flüchtlingsheim aufziehst. Das ist Wahnsinn. Wie soll das gehen? Du als Leiterin? Wie stellst du dir das vor! Du bist Mitte Dreißig, du solltest langsam aus dem Alter raus sein, wo man die Welt retten will. Wenn du auf Sinnsuche bist, mach Fotos, dagegen habe ich nichts, aber werde um Himmels willen endlich erwachsen. So, ich muss rein, die Antwort ist nein, vergiss das und versuche, klar zu denken, sonst wirst du irgendwann wie deine Mutter.

Sophie wirft die Boombox durch die Küche.

Ich rufe dich an, wenn ich wieder in Deutschland bin.

Sophie klappt das Macbook zu, sitzt einen Moment wie versteinert da. Benny kommt leise herein.

SOPHIE Was machst du denn hier!
BENNY Ich dachte, wir reden vielleicht.
SOPHIE Hast du eben mitgehört?
BENNY Das war nicht zu überhören.
SOPHIE Du mieses Arschloch!

---

[18] **Mutter Teresa** (1910–1997): indische Ordensschwester albanischer Herkunft, die durch ihre selbstlose Arbeit mit Armen und Kranken bekannt wurde; erhielt 1979 den Friedensnobelpreis

Sophie gibt ihm eine Ohrfeige, lässt sich auf den Stuhl fallen.

BENNY   Du musst Bluetooth ausschalten.
SOPHIE   Woher soll ich das wissen.
BENNY   Völlig richtig.
SOPHIE   Gib mir nicht recht, wenn ich nicht recht habe. Sind die anderen etwa auch da?
BENNY   Die sind an der frischen Luft. Also wahrscheinlich am Büdchen.

Kurze Stille

SOPHIE   Das mit meiner Mutter war saugemein von ihm.
BENNY   Ich war auch gemein zu dir, und das tut mir sehr leid.
SOPHIE   Gemein?
BENNY   Ich hätte es dir sagen sollen.
SOPHIE   Aber du wolltest mich schonen.
BENNY   Ich wollte es dir erst sagen, wenn es wirklich definitiv ist, und dann war plötzlich vor dem Treffen keine Zeit mehr.
SOPHIE   Also schonen trifft es doch, oder?
BENNY   Ich wollte dich nicht unnötig aufregen.
SOPHIE   Das ist ja schonen.
BENNY   Irgendwie schon.
SOPHIE   Ich bin mir sicher, dass mindestens ebenso viele Menschen durch Schonung verletzt und beleidigt werden wie durch offene Gemeinheit.
BENNY   Es ist eben für mich auch nicht einfach.
SOPHIE   Oh Gott, nicht diesen Satz. Mach es bitte nicht peinlicher, als es sowieso schon ist.
BENNY   Okay, wenn du nicht mit mir reden willst …
SOPHIE   Ich sage dir die Meinung, das ist eine legitime Form von Kommunikation, kennst du vielleicht nicht so gut. Und ich will dich auf zwei Denkfehler aufmerksam machen. Was du für Schonung hältst, ist Feigheit. Hundert Prozent naturtrübe männliche Feigheit. Genauso wie die Ansage, auf jeden Fall in einem Jahr wieder da zu sein. Natürlich wirst du versuchen, dort zu bleiben. Gib es zu.
BENNY   Okay.
SOPHIE   Gut. Ich wünsche dir Glück.

Stille

BENNY	Darf ich dich in den Arm nehmen?
SOPHIE	Gleich, nur kurz noch den zweiten Denkfehler, ja? Und das ist die Überzeugung, dass für mich die Welt zusammenbricht, wenn du gehst. Dass ich heute Abend wunderlich bin, weil ich dich verliere. Das ist eitel und egozentrisch. Und so doll ist der sporadische Nostalgiesex mit dir auch wieder nicht. Dieses Bedürfnis kann ich jederzeit mit Tinder abdecken, da habe ich sogar eine Chance, vorher noch zum Essen eingeladen zu werden.
BENNY	Noch was?
SOPHIE	Doro hat Recht, deine Idee zu gehen und uns hier Flüchtlinge reinzusetzen war auch verdammt feige. Wohlfeil[19]. Gut sein für lau. Ich habe versucht, etwas Mutiges daraus zu machen, aber das hat keiner kapiert und leider von allen am wenigsten du.
BENNY	Nur zu, wenn dir das gut tut.
SOPHIE	Genau, das hätte ich fast vergessen. Wenn du die letzten drei Jahre gedacht hast, du hättest mich betreut: Irrtum, ich habe dich betreut, ich hab mir die Geschichte deines heroischen Coming-outs[20] in epischer Breite angehört, und das war für mich in seinen Einzelheiten nicht immer so interessant wie für dich, also sei nicht so verdammt onkelhaft.
BENNY	Und ich hab dir und deinen Plänen nicht zugehört, oder was?
SOPHIE	Nein, du hörst nicht zu, du wartest, bis du drankommst, das ist ein gewaltiger Unterschied. Solltest du dran arbeiten. Mit David, einem Psychologen oder einem Benimmlehrer.
BENNY	Noch was?
SOPHIE	Das war es im Großen und Ganzen. Jetzt kannst du mich umarmen.

Benny reagiert nicht.

---

[19] **wohlfeil:** billig, schäbig
[20] **Coming-out (engl.):** öffentliches Selbstbekennen zu seiner Homosexualität

Das war das Konzept Gemeinsein und ich finde es viel erfrischender als das Konzept Schonung.

Doro und Jonas kommen.

JONAS   Stören wir?
SOPHIE   Kommt ruhig rein.

Doro gibt Sophie eine Papiertüte mit Lakritze und Weingummi.

DORO   Hier, Nervennahrung.
SOPHIE   Danke.
BENNY   Entschuldigt mich, ich bin etwas müde.
DORO   Bleib noch kurz, ich wollte einen Vorschlag machen.
JONAS   Wir haben uns draußen besprochen und hatten eine Idee, natürlich vorausgesetzt, die Kündigung vorhin war nicht endgültig.
DORO   Wir vermieten nicht und nehmen es als Gästezimmer. Achmed kann von mir aus manchmal da übernachten, aber dann kann er sich nicht so breitmachen.
JONAS   Und was die Flüchtlinge betrifft: Wir können ja zum WG-Essen gern ein oder zwei Leute aus dem Heim einladen.
DORO   Die könnten, gegen Geld, zum Beispiel kochen, wenn Jonas dran wäre.
JONAS   Oder Achmed macht … wie hieß das?
DORO   Kuvutz oder so.
JONAS   Und was ist das?
DORO   Keine Ahnung. Egal. Klingt lecker.
BENNY   Und die Miete bleibt an mir hängen?
DORO   Macht man eben ein paar Tage im Monat AirbnB[21], das kriegen wir schon rein.
JONAS   Du könntest den Eggchair und die Platten drin lassen, die ziehen sowieso Feuchtigkeit im Keller. Und wir könnten die Tischtennisplatte hochholen, Platz genug ist ja.
DORO   Liebchen, was meinst du?

---

[21] **AirbnB:** eigentl.: airbed and breakfast (»Luftmatratze und Frühstück«), Community-Marktplatz für Buchung und Vermietung von Unterkünften

Kurze Stille

SOPHIE   Okay.
DORO   Benny?
BENNY   Ja, warum nicht?
DORO   Warum nicht gleich so, wir hätten uns den ganzen Rödel sparen können.
SOPHIE   Und wer sagt Achmed, dass wir uns für eine Tischtennisplatte entschieden haben?
BENNY   Könntest du das machen, Jonas?
JONAS   Benny, man muss auch merken, wann Schicht ist, echt! Du nervst, aber so was von!
BENNY   Schon gut, ich mache es.
JONAS   Es ist dein Scheißzimmer!
BENNY   Reg dich ab. Hat jemand Annas Nummer?
DORO   Sie sitzen drüben beim Inder.
BENNY   Okay, ich gehe. Kommst du mit, Jonas? Wir könnten danach noch eine Partie spielen.

Jonas reagiert nicht, Benny geht los, nach einer kurzen Verzögerung geht ihm Jonas hinterher.

JONAS   Mann, jetzt warte gefälligst, du Blödmann.

Jonas geht Benny hinterher. Doro setzt sich neben Sophie.

DORO   Alles gut?

Sophie holt ihr Smartphone heraus.

    Was gibt das?

SOPHIE   Ich lösche deine Rede.
DORO   Danke. Ich meinte das nicht so,
SOPHIE   Wer tut das schon.
DORO   Und? Ist schlimm mit Benny?
SOPHIE   Ja, ist aber trotzdem richtig, dass er geht. Man soll keine Gespenster jagen. Kommt eben was Neues.
DORO   Da kommt viel Neues, mein lieber Scholli.

SOPHIE	Wird sich einiges ändern.
DORO	Ja. Aber ist ja vielleicht gut.
SOPHIE	Ja, vielleicht.
DORO	Kommt auch auf uns an.
SOPHIE	Aber war gemütlich hier, oder?
DORO	Das wird es schon wieder werden.
SOPHIE	Man muss sehen, was kommt.
DORO	Wir zwei alten Prachtweiber, was?
SOPHIE	Ett kütt wie ett kütt.

Doro sieht Sophie an.

SOPHIE   Altes syrisches Sprichwort.

Musik, Getränke, fade to

Black

Arbeitsaufträge zur werkimmanenten Interpretation

1. *Kopieren Sie die Vorlage und erstellen Sie zu jedem der fünf Mitglieder der Wohngemeinschaft sowie zu Achmed je eine persönliche Karteikarte.*

Name: _____

Ein zur Figur passendes Foto suchen und aufkleben

Äußere Merkmale: _____

_____

_____

_____

Charaktereigenschaften: _____

_____

_____

_____

Beziehungen zu anderen WG-Bewohnern bzw. zu Achmed:

• _____

• _____

• _____

Argumentation in Bezug auf Bennys Vorschlag:

_____

_____

_____

2. Veranschaulichen Sie die Figurenkonstellation durch ein Schaubild, anhand dessen auch die Beziehungen der Personen untereinander klar werden.

3. Ergänzen Sie im Schaubild Personen und deren Funktion für die Handlung, die im Stück nicht auftreten, sondern die nur erwähnt werden bzw. zu hören sind.

4. Analysieren Sie den Sprachstil von Achmed, der ab Seite 36 auftritt und auf Seite 45 wieder abtritt.
Schreiben Sie entsprechende Passagen heraus oder markieren Sie sie.
Beschreiben Sie Achmeds Wortwahl, den Satzbau und andere gruppenspezifische Ausdrucksweisen.
Untersuchen Sie, welche Wirkung Achmeds Sprache auf die anderen Personen hat.
Geben Sie Achmeds Argumentation auf Seite 44 f. mit eigenen Worten wieder.

5. „Achmed oder Flüchtlinge …" (Seite 44): Erläutern Sie die Entscheidung, die getroffen wird, und erklären Sie deren Zustandekommen. Wie beurteilen Sie die „Lösung"?

6. Stellen Sie dar, worin Witz und Komik des Schauspiels bestehen. Gehen Sie auf verschiedene Aspekte ein und belegen Sie Ihre Ausführungen am Text.

7. Ein Regisseur will bei der Aufführung des Stückes an mehreren Stellen einen Blackout (d. h. ein kurzes Ausschalten der Bühnenbeleuchtung) einbauen.
Machen Sie Vorschläge zu den passenden Stellen für ein solches Abschalten.
In welchem Zusammenhang stehen diese Blackouts mit dem Aufbau des Stückes? Begründen Sie Ihre Vorschläge.

Zwei Projektvorschläge zum Theaterstück

Projekt A: Gestaltung eines Programmheftes

*Stellen Sie sich vor, Sie sollen für eine Aufführung des Schauspiels „Willkommen",
das von der Theatergruppe an Ihrer Schule einstudiert wird, ein Programmheft
erstellen. Die Zuschauer sollen insbesondere Informationen zum Stück und zu
den Autoren bekommen. Um den Leser/die Leserin anzusprechen, muss das Programmheft auch ansprechend gestaltet werden.*

Erarbeiten Sie das Heft möglichst in Vierergruppen.

*Die Arbeitsaufträge dienen zur Anregung für die Gestaltung und zur intensiven
Auseinandersetzung mit den Inhalten.*

Inhaltliches/Text/Inszenierung

1. *Legen Sie die Besetzung fest. Wer spielt welche Rolle?
Außerdem können Sie Personen für folgende Aufgaben auswählen und im
Programmheft nennen: Regie, Regieassistenz, Bühnenbild, Kostüme, Dra-
maturgie, Souffleur/Souffleuse, Beleuchtung, Masken und Frisuren, Requisiten, Ton, Musik.*

2. *Informieren Sie sich über die Autoren Lutz Hübner und Sarah Nemitz.
Verwenden Sie dazu die in diesem Bändchen abgedruckten Texte (vgl.
S. 103–109) und recherchieren Sie selbstständig im Internet.*

3. *Fassen Sie den Inhalt des Schauspiels kurz zusammen. Nutzen Sie evtl. Ihre
Ergebnisse, die Sie im Zusammenhang mit der werkimmanenten Interpretation gewonnen haben (vgl. Arbeitsaufträge S. 57 f.) für die Formulierung
einer Zusammenfassung im Programmheft.*

4. *Häufig wird auch die Gattung des Stücks thematisiert: Das Schauspiel
„Willkommen" wird in Rezensionen auch als „Komödie" und als „Boulevard-
stück" mit einer Nähe zur „Farce" bezeichnet. Definieren Sie diese Begriffe
sowie die Termini „Drama" und „Schauspiel". Formulieren Sie anschließend
einen Text, der sich mit der Gattung des Stückes beschäftigt.*

5. *Formulieren Sie die Kernaussage(n) des Schauspiels und legen Sie Gründe
dar, warum es sich lohnt, das Werk aufzuführen.*

6. *Finden Sie weitere Geschichten, Gedichte, Dramenauszüge, die zu dem
Stück passen. Auch andere Texte oder Zitate Hübners bzw. Nemitz' eignen
sich evtl. für eine Publikation.*

Gestaltung/Fotos – Zeichnungen

1. *Werten Sie für einen Umschlag des Programmheftes zwei Entwürfe aus. Beschreiben Sie die vorliegenden Bilder sowie deren Aussage und diskutieren Sie, welches geeigneter erscheint. Entwerfen Sie ggf. ein eigenes Cover (evtl. fächerübergreifend im Kunstunterricht).*

Entwurf von Stefana Kelle

Entwurf von Fabiana Jaeger

2. *Machen Sie sich Gedanken, wie das Bühnenbild aussehen könnte. Fertigen Sie Skizzen an. Vergleichen Sie dazu die hier vorliegenden Entwürfe von Schülerinnen.*

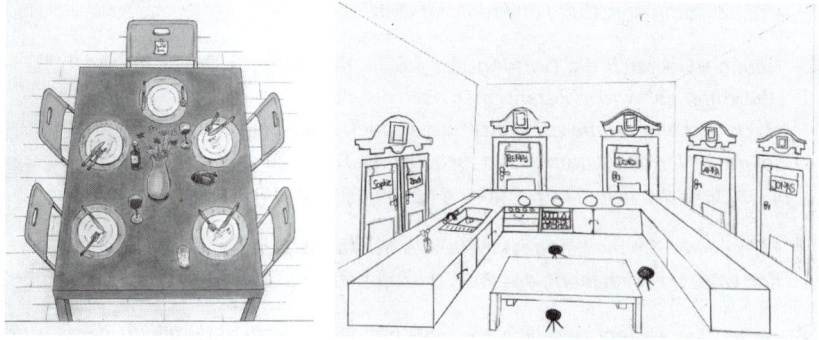

Entwurf Christina Laubmann   Entwurf Amira Zayed

3. *Auch Probenfotos sind oft Bestandteil eines Programmheftes. Sie können zu diesem Zweck zu wichtigen Szenen Standbilder bauen:*

- *Überlegen Sie, welche Situationen besonders aussagekräftig sind.*
- *Diskutieren Sie, ob Sie besondere Kostüme und Requisiten verwenden und ein bestimmtes Bühnenbild einbeziehen wollen.*

Folgendermaßen können Sie vorgehen:

- *Ein Regisseur bildet und modelliert Schritt für Schritt aus den Körpern der Mitschüler ein Standbild. Damit bringt der Erbauer zum Ausdruck, wie er die ausgewählte Situation sieht und deutet.*
- *Die Spieler, die geformt werden, nehmen wie bewegliche Puppen die Haltungen ein, die ihnen gegeben wurden. Besonders ist auf Gestik und Mimik zu achten.*
- *Der Regisseur oder ein weiterer Schüler der Gruppe fotografiert das Standbild. Versehen Sie die Fotos gegebenenfalls mit einem treffenden Zitat.*

Ergänzend oder alternativ zu Probenfotos können auch Zeichnungen angefertigt werden.

Sonstiges

Zu einem Programmheft gehören in der Regel noch weitere Informationen. Entscheiden Sie, ob Sie diese aufnehmen wollen und können: Werbeanzeigen, ein Quellenverzeichnis (gegebenenfalls verwendete Literatur), Hinweise zu den Probenfotos (welche „Schauspieler" sind in welcher Situation zu sehen?) sowie ein Impressum (wer gehört zur Redaktion, wer war zuständig für Fotos, für die Gestaltung?).

Projekt B: Vorbereiten einer szenischen Lesung

Stellen Sie sich vor, Sie sollen eine szenische Lesung des Theaterstückes vorbereiten.

Unter einer **szenischen Lesung** versteht man die „Lesung eines Dramas oder einzelner Szenen vor Publikum mit sparsamen oder angedeuteten inszenatorischen Mitteln, um die Szenen über den gelesenen Text hinaus zu verdeutlichen. Die gelesenen Rollen sind nach Alter und Geschlecht möglichst genau zu besetzen, der Raum ist angedeutet, z. B. durch Tisch, Stuhl, Tür. Die szenischen Situationen werden durch Auftritt, Gang, Geste der lesenden Darsteller – mit dem Bühnenmanuskript in der Hand – andeutungsweise gespielt."

Bearbeiten Sie zur Vorbereitung der Lesung folgende Aufgaben:

1. *Suchen Sie sich eine geeignete Passage aus und begründen Sie Ihre Entscheidung.*

2. *Charakterisieren Sie die auftretenden Personen, damit Sie sie angemessen verkörpern können. Nutzen Sie evtl. Ihre Ergebnisse, die Sie im Zusammenhang mit der werkimmanenten Interpretation gewonnen haben (vgl. Arbeitsaufträge S. 57 f.).*
Sie können zur Veranschaulichung z. B. Mindmaps erstellen.

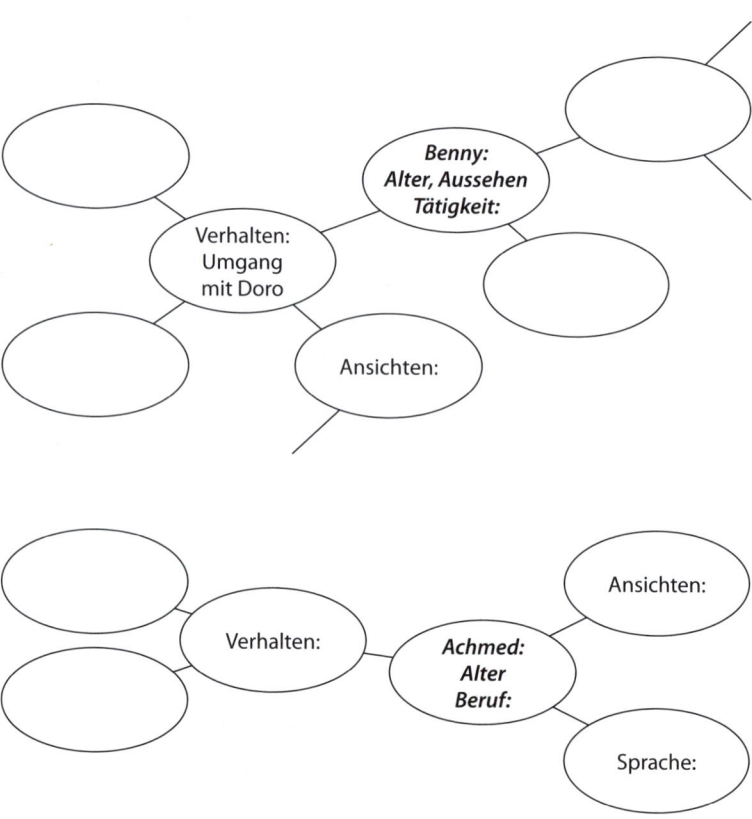

3. *Untersuchen Sie die Regieanweisungen im Text. Welche Hinweise auf die Stimmung, Gefühle und Sprechweise der Personen geben sie? Wie sind Gestik, Mimik, Körperhaltung und -bewegung jeweils zu gestalten?*

4. *Suchen Sie sich wichtige Stellen aus der für den Vortrag ausgewählten Passage heraus und verfassen Sie innere Monologe, aus denen hervorgeht, was die Figuren denken und fühlen.*

Für die inneren Monologe ist es wichtig zu erkennen, was eine Figur wirklich meint, denn oft spricht man etwas aus, obwohl man etwas anderes meint (man verstellt sich, taktiert, lügt, verharmlost, will etwas verschleiern, beschönigen usw.). Der russische Regisseur Konstantin S. Stanislawski (1863–1938) prägte in diesem Zusammenhang den Begriff **„Untertext" (Subtext)**. Nach Stanislawski ist der Untertext etwas, was „unter den Worten des Textes strömt." Um „aufzudecken", was eine Figur „eigentlich" denkt und fühlt, kann man innere Monologe (eine Art Selbstgespräch in der Ich-Form und im Präsens) verfassen. Die Kenntnis über die manchmal verborgenen Absichten eines Sprechers hat Auswirkung auf Sprechweise und Verhalten.

Machen Sie sich bewusst, welche Auswirkung dieses vertiefte Verständnis der Figur für Sprechweise, Gestik, Mimik und Körperhaltung hat.
Geeignete Stellen für innere Monologe sind beispielsweise Stellen, in denen „Stille" in den Regieanweisungen gefordert wird (z. B. S. 12, 19, 27 etc.).

5. *Bereiten Sie die szenische Lesung nach diesen Vorarbeiten und Vorüberlegungen vor, indem Sie Markierungen im Text vornehmen, die verdeutlichen, wann Sie z. B. lauter, leiser, stockend, verärgert vorlesen müssen, wann Pausen einzulegen sind usw. Einigen Sie sich auf entsprechende Farben und Symbole für die Markierungen.*
Tipp: *Evtl. ist es günstig, die ausgewählte Textpassage vergrößert zu kopieren.*

Theaterkritiken zu Aufführungen des Stückes

Martin Krumbholz am 06.02.2017 in der Süddeutschen Zeitung zur Uraufführung im Düsseldorfer Schauspielhaus

Benny, seines Zeichens Anglistikdozent, hat eine fabelhafte Idee. Für die Zeit seines einjährigen Stipendienaufenthalts in New York möchte er sein Zimmer in einer geräumigen Fünf-Personen-WG Flüchtlingen zur Verfügung stellen. Vielleicht auch einer Flüchtlingsfamilie mit Kindern. Vorausgesetzt natürlich, die vier Zurückbleibenden fassten sich ein Herz und erklärten sich mit dem humanitären Projekt einverstanden. Anna, die schwanger ist und zudem im Examen steht; Jonas, der in seiner Bank eine Probezeit absolviert und seinen Schlaf braucht; Doro, die aufgrund einschlägiger Erfahrungen ein grundsätzliches Problem mit arabischen Männern hat und sich auch freimütig dazu bekennt; Sophie, die Fotografin, bei der ein „Pro" am ehesten zu erwarten ist – sie ist Bennys Ex-Freundin. Noch ist nichts entschieden, keine Sorge, und selbstverständlich wird über das Projekt ausgiebig diskutiert.

Das Thema „Willkommenskultur" als Startrampe für eine veritable Komödie, das hat was. Denn wie im richtigen Leben geraten auch auf der Bühne die guten Vorsätze mit menschlichen Schwächen, offenen Rechnungen und allen erdenklichen Egoismen in Konflikt. Wer mag es beispielsweise der jungen Anna verübeln, dass sie angesichts des frei werdenden WG-Zimmers an den Vater ihres Kindes denkt, auch wenn sie noch nicht recht weiß, ob sie den Nachwuchs überhaupt haben will? Es stellt sich heraus: Dieser ominöse Kindsvater, den Anna erst kürzlich kennengelernt hat, ist Türke – irgendwie hätte man so ja auch etwas für Integration getan und nebenbei einer jungen Familie eine Herberge verschafft. „Willkommen in der CDU", wird Doro dies höhnisch kommentieren.

Man kann den Text des Autorengespanns Lutz Hübner und Sarah Nemitz kaum hoch genug schätzen. Nicht allein, dass fast jeder Satz eine Pointe ist (das muss man erst mal hinkriegen), beginnend mit einer genauen Kenntnis des Milieus („Klare Sache für den Notfallschampus!") und einer triftigen Figurenzeichnung, die naturgemäß nicht ohne verzeihliche Stereotypen auskommt: Der angehende Banker trägt selbst in der WG Krawatte, die Examenskandidatin hat nah am Wasser gebaut und so weiter. Vor allem bewähren Hübner und Nemitz sich im undurchdringlich gewordenen Dschungel der politischen Korrektheit. Dass ausgerechnet ein Türke der zweiten Generation zum Kronzeugen einer Abwehr des

„Gutmenschentums" wird, ist heikel – aber so, wie Hübner/Nemitz es erzählen, eben auch absolut plausibel.

Der Türke aus Gelsenkirchen (Serkan Kaya) erscheint in der Mitte des kurzen Abends höchstpersönlich und mischt, so muss man es wohl sagen, den Laden auf. „Ein Bierchen wär' geil", meint er, als man ihm einen Espresso anbietet. Hui, denkt der Zuschauer, wird hier nicht das Klischee mit dem Klischee ausgetrieben? Aber letztlich zeigen die Autoren, dass die Verhältnisse allemal komplizierter sind, als sie zunächst erscheinen. Der smarte Vorzeige-Türke, der mit seiner Charmeoffensive die Herzen nicht nur der Damen erobert, der nicht nur Bierflaschen mit den Zähnen knackt, sondern obendrein rhetorisch ohne Weiteres mithalten kann, wird dann doch nicht der Deus ex machina sein, für den man ihn voreilig hält.

Wenn Achmed nicht nur ironisch den Macho, sondern halbironisch den „Rassisten" herauskehrt und zugibt, dass er den Syrern die Willkommenskultur nicht gönnt, weil seinerzeit bei der Ankunft seines Vaters im Kohlenpott von so etwas keine Rede war, dann wird es den Wohlgesinnten in der Düsseldorfer Nobel-WG zu viel. Beredte Blicke werden hin- und hergeworfen, schließlich fällt das Codewort „Gin Tonic" für „Veto". Bei aller Sympathie für Anna und ihr türkisches Baby, so geht es nun doch nicht.

Der vor allem als Filmregisseur bewährte Sönke Wortmann hat das Ganze genregerecht inszeniert, in einem von Florian Etti realistisch gestalteten Loft mit Ikea-Küche und Egg-Chair. Die Blicke-Regie, hier von maßgeblicher Bedeutung, funktioniert perfekt. Moritz Führmann ist der inzwischen schwule Benny, der seine sensible Ex-Freundin Sophie (Sonja Beißwenger) mit Empathie und zarter Fürsorge umhüllt. Cathleen Baumann gibt die machophobe Doro, Yohanna Schwertfeger die verliebte Anna und Sebastian Tessenow den mal spöttischen, mal begriffsstutzigen Banker, der sich auf dem Weg in die Verspießerung gern noch ein wenig Zeit ließe. Das sind feine Figurenprofile auf dem Grat zwischen Stereotyp und Charakter. Lustig ist, dass der berühmte Peter Simonischek einen Gastauftritt per Skype-Anruf hat. Er hat wie im Kino („Toni Erdmann") ein Problem mit seiner Tochter, das er trotz technischer Dysfunktionen (Rückkopplungen) löst. Herzlicher Applaus, keine Buhs.

1. *Beschreiben Sie den Aufbau der Rezension und fassen Sie zusammen, welche Informationen der Leser zum Inhalt des Dramas bekommt.*

2. *Zu welcher Wertung kommt der Rezensent? Belegen Sie Ihre Meinung am Text.*

3. *Recherchieren Sie im Internet. Werten Sie weitere Rezensionen aus (z. B. die von Dorothea Marcus „Mitbewohner gesucht: Sönke Wortmann inszeniert ‚Willkommen' in Düsseldorf") und skizzieren Sie in diesem Zusammenhang, welche Bedeutung Rezensionen generell haben.*

Gerhard Preußer am 01.12.2017 auf „nachtkritik.de" zur Aufführung am Schauspiel Essen

Eine Gruppe unter Entscheidungszwang, ein Eindringling kommt hinzu, schon entfalten sich alle latenten Konflikte. Ist die Gruppe heterogen genug, eignet sie sich zum Bild für die Gesellschaft: Deutschland ist eine Baugruppe, ein Elternabend oder eine Wohngemeinschaft – das Ganze im Kleinen, das hat sowohl eine individualpsychologische Dimension als auch eine politische. So legen Lutz Hübner und Sarah Nemitz viele ihrer Stücke an.

„Willkommen" ist seit „Frau Müller muss weg" ihr erfolgreichster Text – in dieser Spielzeit an 13 Theatern –, weil es den Kernpunkt der politischen wie privaten Diskussion trifft: die sogenannte „Flüchtlingskrise". Es ist geschrieben in der publikumswirksamsten Form: als pointenstrotzendes Dialog-Stück mit heiter-unverbindlichem Ende.

Das Milieu ist dialogfreudig: sich selbst reflektierend wie die Dramenschreiber, immer ihr eigenes Kommunikationsverhalten kommentierend. Der Witz kommt oft über die Metaebene. Eine wortgewandte Wohngemeinschaft der wohlhabenden Singles. Die Figuren des Stückes sind flache Typen. Das kann man herunterspielen oder übertreiben. Entscheidend ist das Maß. […] In Essen entscheidet man sich für die Übertreibung. Was die Sorge minimiert, ob das Publikum auch wirklich lacht. Keine Lachkonserven nötig.

Im Zentrum steht Dozent Benny (Jan Pröhl), dessen Zimmer frei wird, weil er einen Lehrauftrag in New York bekommen hat. In das freie Zimmer will er Flüchtlinge einquartieren. Dieser Dampfplauderer und Schaumschläger nimmt sich viel Raum und verfügt über ein begrenztes und jeweils eindeutiges Repertoire an Gestaltungen seiner Gesichtsoberfläche. Daneben kann Bankbetriebswirt Jonas (Stefan Figge) nur den tumben Jungen spielen, der die Augenbrauen hochreißt oder zusammenzieht.

Die Frauen sind weniger auffällig typisiert: Sophie, die Hauptmieterin der Wohnung und Ex-Geliebte Bennys (Silvia Weiskopf), ist eine schalbewehrte Empfindsame, Doro (Stephanie Schönfeld) die ehrliche Schlampe. Und Anna (Henriette Hözel), die verkündet, dass sie schwanger ist, eine übernervöse Studentin mit beschränktem Horizont. Der Konfliktkatalysator ist Annas Freund Achmed (Halil Yavuz), ein hemdsärmeliger Deutsch-Türke. Den will die autochthone WG nicht haben. Man will weder Kinder noch Neubürger, nur Gäste, die auch wieder gehen. Raum gibt es in dieser komfortablen Herberge nur für die Tischtennisplatte.

Nach der Düsseldorfer Uraufführung ist diese Inszenierung nun die nächste in der Nachbarschaft. Statt Düsseldorf zeigt der Bühnenprospekt die Skyline Essens (Bühne: Ulrich Leitner). Die Regie Thomas Ladwigs im Grillo-Theater treibt die Boulevard-Theater-Effekte bis an die Grenze zur Farce. Aber eben nur bis an die Grenze. Was machen schwangere Frauen in der siebten Woche? Sich erbrechen. In einen Kochtopf, und der wird dann herumgereicht, fast löffelt Sophie ihn aus, dann stürzt Jonas mit dem Topf über das Geländer des Balkons. Slapstick mit sicherem Ekelgekicher des Publikums. Was machen junge Verliebte? Wälzen sich in Kopulationsstellung auf dem Küchentisch. Keine Angst vor Deutlichkeit.

Jede Figur hat ihren Bekenntnismonolog. Bennys idealistische Rhetorik zu Beginn tut man schnell als opportunistisch ab. Annas überdrehte Hysterie hindert den Nachvollzug ihrer Gewissensprüfung. Doros verzweifeltes Gutmenschentum wird durch ihre Verhärmtheit der Lächerlichkeit preisgegeben. Nur Doros und Achmeds Monologe sind komplex genug, dass sie den Humorpanzer durchstoßen. Doro legt schonungslos den Widerspruch zwischen ihrer privaten, aggressiven Ablehnung von Flüchtlingen als Individuen und ihrer öffentlichen Toleranz gegenüber Flüchtlingen als politischem Phänomen offen. Achmet zeigt die vergrabene Verletzlichkeit des bestens integrierten Türken zweiter Generation. Da wird das Gelächter zur Erkenntnis. Etwas undeutlich Gefühltes wird zur Betrachtung ausgestellt. Das macht das Stück haltbar. Es wird die Strapazen des deutschen Stadttheaterbetriebs bewältigen. So stabil konstruiert, kann es alle Aufführungen überleben. Auch die im Schauspiel Essen.

4. *Fassen Sie kurz zusammen, zu welcher Bewertung der Kritiker kommt.*

5. *Welche Unterschiede zur Düsseldorfer Uraufführung werden in der Kritik deutlich? Beschreiben Sie zentrale inszenatorische Einfälle in beiden Aufführungen und nehmen Sie Stellung dazu.*

6. *Verfassen Sie nun eine eigene Rezension zu dem Theaterstück „Willkommen". Stellen Sie dabei Ihre ganz persönlichen Leseerfahrungen in den Mittelpunkt der Ausführungen.*

7. *Falls Sie eine Aufführung gesehen haben, schreiben Sie dazu eine Kritik.*

Materialgestütztes Informieren zum Thema „Flucht und Migration"

An Ihrer Schule spielt die Theatergruppe das Stück „Willkommen" von Lutz Hübner und Sarah Nemitz. Begleitend dazu wird eine Ausstellung zum Thema „Flucht und Auswanderung" gestaltet. Für die Einführungsveranstaltung halten Sie einen Vortrag, in dem Sie insbesondere auf mögliche Ursachen der Migration sowie auf Folgen und Aufgaben, die die Gesellschaft zu bewältigen hat, eingehen.

Verfassen Sie diesen Vortragstext, indem Sie die Materialien 1–8 nutzen. Ergänzen Sie diese durch eigenes Wissen und persönliche Erfahrungen. Sie können auch Bezug zu dem Drama „Willkommen" nehmen. Recherchieren Sie zudem selbständig, um auf aktuelle Entwicklungen eingehen zu können.

Ihr Vortragstext soll etwa 1200 Wörter umfassen.

Material 1: Gründe für Flucht und Auswanderung

Faktoren-gruppe	Push-Faktoren der Herkunftsländer	Pull-Faktoren der Aufnahmeländer
Bevölkerungs-entwicklung	Bevölkerungswachstum	Bevölkerungsstagnation bzw. -rückgang
wirtschaftliche Faktoren	Arbeitslosigkeit, Niedriglöhne, niedriger Konsum und Lebensstandard	Arbeitskräftemangel, hohe Löhne, hohes Wohlstands- und Konsumniveau, hoher Lebensstandard
soziale Faktoren	mangelnde Bildungs- und Gesundheitsversorgung, fehlende soziale Sicherung, kein Wohnraum	Bildungsmöglichkeiten, Gesundheitsversorgung, soziale Sicherung
politische Faktoren	Diktaturen, Folter, Bürgerkriege, Völkermord	demokratische Systeme, Garantie der Menschen- und Bürgerrechte
religiös-ethnische Faktoren	Benachteiligung wegen Religion bzw. Zugehörigkeit zu Volks- und Kulturgruppe, Minderheitenverfolgung, Verbot der Religions- und Sprachausübung	keine religiös-ethnische Diskriminierung, Minderheitenschutz, Garantie der Religionsausübung

Faktoren-gruppe	Push-Faktoren der Herkunftsländer	Pull-Faktoren der Aufnahmeländer
rechtliche Faktoren	„legalisierte" Diskriminie-rung, „legaler" Rassismus, staatliche Überwachung	Einwanderungsmöglich-keiten, Rechtssicherheit, Diskriminierungsverbot
ökologische Faktoren	Umweltkatastrophen, Wüstenbildung, Brennholz- und Wassermangel, Bodenerosion, fehlende Umweltpolitik	intaktere Umwelt, Ressourcen- und Umwelt-schutzmaßnahmen

Material 2: Glossar

Asyl

Zufluchtsort, von dem man nicht gewaltsam weggeholt wird. Das Grundgesetz gewährt politischen Flüchtlingen Asyl (*Art 16a GG*), wenn eine Prüfung ergibt, dass der/die Asylsuchende politisch verfolgt wird und deshalb seine Heimat verlassen musste

Asylbewerber/in

Person, die in einem fremden Land um Asyl, also Aufnahme, und um Schutz vor Verfolgung bittet und deren Asylverfahren noch nicht abgeschlossen ist. *(UNHCR)*

Anerkannte Flüchtlinge erhalten eine Aufenthaltserlaubnis für drei Jahre und eine Arbeitserlaubnis. Das *Bundesamt für Migration und Flüchtlinge (BAMF)* kann in dieser Zeit die Schutzberechtigung widerrufen, etwa wenn dem Flüchtling im Heimatland keine Verfolgung mehr droht. Wird der Schutzstatus nicht widerrufen, kann ihm nach drei Jahren eine unbefristete Niederlassungserlaubnis gewährt werden. Diese kann nicht widerrufen werden. *(Rundfunk Berlin-Brandenburg/rbb)*

Asylverfahren

Menschen, die in Deutschland Asyl suchen, stellen beim *Bundesamt für Migration und Flüchtlinge* einen Antrag auf Asyl. Dort werden die Personalien aufgenommen und der Flüchtling erhält eine Aufenthaltsgenehmigung. Das *BAMF* nimmt den Asylantrag auf und der Asylbewerber/die Asylbewerberin erhält einen Termin zu einer sogenannten Anhörung, wo er/sie die Gründe für die Flucht aus der Heimat vorträgt. Dann wird auch

69

darüber entschieden, ob [...] Asyl gewährt wird. Dieser Prozess kann viele Monate – teilweise sogar Jahre – dauern. *(Rundfunk Berlin-Brandenburg/ rbb)*

Aussiedler/innen und Spätaussiedler/innen

Deutschstämmige aus Mittel- und Osteuropa sowie den Nachfolgestaaten der Sowjetunion

Flüchtling

Ein Flüchtling ist eine Person, die „... aus der begründeten Furcht vor Verfolgung wegen ihrer ‚Rasse', Religion, Nationalität, Zugehörigkeit zu einer bestimmten sozialen Gruppe oder wegen ihrer politischen Überzeugung sich außerhalb des Landes befindet, dessen Staatsangehörigkeit sie besitzt, und den Schutz dieses Landes nicht in Anspruch nehmen kann oder wegen dieser Befürchtung nicht in Anspruch nehmen will." *(Genfer Flüchtlingskonvention von 1951/GFK)*

Geflüchtete

Nicht alle Menschen, die fliehen, können als „Flüchtlinge" im Sinne der *GFK* bezeichnet werden, z. B. weil sie im eigenen Land auf der Flucht sind („Binnenflüchtlinge") oder aus einem Grund, der in der *GFK* nicht direkt genannt ist (z. B. Hunger, Krieg, Naturkatastrophen etc.). Der Begriff G. umfasst alle Menschen, die gezwungen sind, ihre Heimat oder ihr Zuhause zu verlassen. *(Rundfunk Berlin-Brandenburg/rbb)*

Migranten/Migrantinnen

Das Statistische Bundesamt definiert Migranten/Migrantinnen als Personen, die im Ausland geboren und nach Deutschland gezogen sind. Was viele nicht wissen: Rund die Hälfte aller Migranten/Migrantinnen sind Deutsche (z. B. Spätaussiedler/innen oder Eingebürgerte), die andere Hälfte besitzt eine ausländische Staatsangehörigkeit. Migranten/-innen sowie ihre Kinder und in bestimmten Fällen auch ihre Enkelkinder gelten als „Personen mit Migrationshintergrund".

Willkommenskultur

Haltung der Offenheit gegenüber Migranten/Migrantinnen, die auf Teilhabe und Inklusion zielt: Sie umfasst individuelle, organisatorische und gesamtgesellschaftliche Aspekte und manifestiert sich in bestimmten Regelungen und Praktiken. *(Bertelsmann Stiftung, Gütersloh 2014)*

Zuwanderer/-innen

Zuwanderer/-innen sind zunächst einmal Menschen, die nach Deutschland kommen – unabhängig von der Dauer und dem Zweck ihres Aufenthalts. Sie können aus verschiedenen Gründen zugewandert sein, etwa als (Saison-)Arbeiter/innen, Flüchtlinge, für ein Studium oder eine Ausbildung.

Material 3: Migrationsbewegungen in Deutschland und Mitteleuropa

Überblick über Migrationsbewegungen in Deutschland und Mitteleuropa (mit Hinweisen zur Verarbeitungen in literarischen Texten):

Zeitraum	Ursachen für Flucht und Migration	Flüchtlinge/ Migranten	Ziel der Migration / Flucht	Beispiele literarischer Verarbeitung
ab ca. 1792	Vorrücken französischer Revolutionstruppen	Bewohner linksrheinischer Gebiete	rechtsrheinische Gebiete	z. B. Goethe, Hermann und Dorothea (siehe S. 90–93)
Mitte 19. Jahrhundert	soziale Lage in den deutschen Einzelstaaten	ärmere Bevölkerung	u. a. USA	z. B. Edgar Reitz, Die andere Heimat (Spielfilm 2013)
ab ca. 1930	Aufstieg der NSDAP, Machtergreifung Adolf Hitlers	u. a. Juden, politisch Verfolgte (Sozialdemokraten, Kommunisten)	u. a. USA, Frankreich, Schweiz, Sowjetunion	z. B. Anna Seghers, Transit (Roman 1944) Ursula Krechel, Landgericht (Roman 2012)
ca. 1945– 1948	Vertreibung, Angst vor Vergeltung	Deutsche, die in den Ostgebieten lebten	Besatzungszonen	z. B. Günter Grass, Im Krebsgang (Novelle 2002)
ca. 1949– 1990	Diktatur der SED und wirtschaftliche Probleme in der DDR	Bürger der DDR	Bundesrepublik Deutschland	z. B. Friedrich Christian Delius, Der Spaziergang von Rostock nach Syrakus (Erzählung 1995)

Zeit-raum	Ursachen für Flucht und Migration	Flüchtlinge/ Migranten	Ziel der Migration / Flucht	Beispiele literarischer Verarbeitung
ab ca. 1991	Balkankriege	Menschen aus Serbien, Bosnien-Herzegowina, Kroatien etc.	u. a. Bundesrepublik Deutschland	z. B. Ludwig Laher, Verfahren (Roman 2011)
ab ca. 1990	Fall des Eisernen Vorhangs, Zerfall der Sowjetunion	v. a. Russland- und Rumäniendeutsche	u. a. Bundesrepublik Deutschland	Alina Bronsky, Scherbenpark (Roman 2008)
ab ca. 2015	Kriege u. a. in Syrien, Afghanistan und Irak, soziale Lage in Afrika	Menschen aus den Kriegsgebieten, aus Afrika	Europa	z. B. Michael Köhlmeier, Das Mädchen mit dem Fingerhut; Bodo Kirchhoff, Widerfahrnis; Jenny Erpenbeck, Gehen, ging, gegangen (siehe Seite 93 ff.)

Material 4: Deutschlands Weg zum Einwanderungsland

Migration hat eine lange Tradition in Deutschland. Immer wieder gab es Phasen verstärkter Ein- und Auswanderung. Im 19. Jahrhundert sind die Deutschen noch massenhaft ausgewandert. Zwischen 1820 und 1930 gingen 5.9 Millionen in die USA, wo sie sich ein besseres und freieres Leben erhofften. Mit der Industrialisierung gegen Ende des Jahrhunderts wurden im Deutschen Reich verstärkt Arbeitskräfte gebraucht. Ausländische Arbeitskräfte (z. B. die „Ruhrpolen") wanderten in die westdeutschen Industriegebiete ein. Schon damals wurde Deutschland binnen weniger Jahre vom Auswandererland zum zweitwichtigsten Einwanderungsland nach den USA.

In Deutschland hat jeder Fünfte ausländische Wurzeln. Einwanderer gestalten unsere Gesellschaft wesentlich mit.

Material 5: Eugénie Musayidire – Ich kenne den Mörder

Meine Tränen sollen zu ihm gehen.
Ich werde mich nicht schämen,
vor ihm zu weinen.

Ich sehe sein Gesicht,
das Gesicht des Mörders.
Als Kind
Hat er immer rote Augen gehabt.
Ich kenne den Mörder meiner Mutter,
wir haben im Sand zusammen gespielt.

Als Kind war er ein netter Junge,
ich spielte gern mit Jungen,
lieber als mit Mädchen.

Die Zeit zum Spielen ist vorbei,
die Welt ist anders geworden,
Sekimonyo hat Menschen ermordet.

Statt mit seinen Kindern
Fußball zu spielen,
hat er in seine rechte Hand
eine Axt genommen,
und er hat meine Mutter ermordet,
meinen Bruder und meine Freunde.

Sekimonyo hat T-Shirts
aus Deutschland bekommen,
meine Mutter
hat ihm Geschenke mitgebracht.
Ich habe Seife, Creme, Puder
für seine Frau geschickt,
Schokolade, Kekse, Hefte
und Bleistifte für seine Kinder.

Seine Kinder und seine Frau
haben wohl gesehen,
wie er meine Familie abgeholt hat,
wie er Alte und Junge abgeholt hat.

Wie haben seine Kinder
und seine Frau reagiert?
Wie lebt er jetzt?
Was ist das für ein Leben?

Wenn er noch lebt,
lebt er mit seiner Frau?
Lässt sie sich noch von ihm berühren?
Kann man zwischen ihnen noch von
Liebe sprechen?

Die Mörder
sollten nie dieses Wort aussprechen.
Sie sollten Tag und Nacht
im Dunkel bleiben.
Im Dunkel ihrer Seele.
Sie sollten
kein Licht in ihrem Leben haben,
kein Licht ihrer Seele.

Ich sehe alles.
Ob sie geweint haben?

Die Kinder
haben sicher geschrien
und versucht davonzulaufen.

Die Erwachsenen
haben geschwiegen,
sie waren tot, schon vor dem Tod.

Sekimonyo hat alle abgeholt,
in den kleinen Wald in Nyanza
gebracht.
Ich kenne den Weg ganz genau,
eine Stunde Marsch,
eine Stunde Golgotha-Weg,
der Weg zum Tod.
Schrecklich, was ich sehe.

Ich will schreien,
aber wo soll der Schrei hin?
Wer hört meine Stimme?
Wer kann meine Trauer empfinden?
Wer kann meine Verzweiflung fühlen?
Wer kann meine Wut,
meinen Hass und – mehr noch –
meinen Durst nach Rache verstehen?

Soll Sekimonyo ungestraft leben?

Ich sehe dieses Schweigen
auf dem Weg,
es ist schrecklich!

Die Autorin Eugénie Musayidire wurde 1952 in Ruanda geboren und gehört der Bevölkerungsminderheit der Tutsi an. 1973 floh sie, nachdem ihr Name auf einer Liste mit Tutsis stand, die verhaftet werden sollten, zunächst nach Burundi, 1977 nach Deutschland; ihre Familie blieb zurück. Im Bürgerkrieg zwischen Hutu und Tutsi, in dem 1994 Hunderttausende umkamen, wurde auch die Familie der Autorin ermordet. Musayidire setzt sich für die Aussöhnung der verfeindeten Volksgruppen ein. 2007 wurde ihr der Internationale Nürnberger Menschenrechtspreis verliehen.

Material 6: Bartholomäus Grill – Nichts wie weg

Senegal: Tausende junge Männer verlassen das Land, in dem kein Krieg herrscht, kein Unheil droht. Sie wissen, dass sie auf dem Weg nach Europa ihr Leben riskieren. Und fahren trotzdem.

Es war ein grauer Morgen im Februar 2015, als Cheickhou Touré erfuhr, dass sein 22-jähriger Sohn Djibi die Flucht nach Europa nicht überlebt hatte. Das Schlauchboot, in dem Djibi mit seinem Cousin Abdoulaye von Libyen nach Lampedusa übersetzen wollte, war in der rauen See gekentert, als die Insel schon in Sicht war. Abdoulaye konnte von der italienischen Küstenwache gerettet werden, für Djibi kam jede Hilfe zu spät. Sein Cousin identifizierte ihn später unter Dutzenden Toten am Strand.

Touré macht sich bis heute Vorwürfe, dass er die verhängnisvolle Reise seines Sohnes nicht verhindert hat. Der 76-Jährige sitzt unter einem Baum in Kouthia Kouroumba, einem kleinen Nest im Departement Tambacounda. Hütten mit Strohdächern, keine Lehmbauten, kein Strom, keine Gesundheitsversorgung. Ringsum Felder: Hirse, Bohnen, Erdnüsse. Ein typisches Dorf im Osten des Senegal, verschlafen, arm rückständig. Ein Ort, den alle Jungen lieber heute als morgen verlassen wollen. Denn hier haben sie keine Zukunft. […]

Auch Poulo Touré will gehen, sobald er kann. Aber er will sicher nach Europa kommen, im Flugzeug, um dort Medizin zu studieren. Poulo, 19, verspiegelte Sonnenbrille, stonewashed Jeans, ist der Neffe von Djibi Touré. Er hängt mit Freunden auf dem Dorfplatz herum, sie schauen auf ihre Smartphones Fotos von Migranten an, die irgendwo in Italien vor Sportautos posieren. Jeder will sein wie sie.

Aber bedenken sie auch das Risiko? „Das kennen wir, aber das hält niemanden ab", sagt Poulo. Im Dorf gibt es ein paar mit Solarzellen betriebene Fernseher, der arabische Sender AL Jazeera zeigt regelmäßig Bilder ertrunkener Flüchtlinge. „Der Traum vom besseren Leben ist stärker als die Angst. Denn du hast eine Fifty-fifty-Chance durchzukommen. Die Leute opfern sich, um ihren Angehörigen zu helfen. Wer das schafft, sendet seiner Familie Geld aus Europa." […]

Nicht Krieg, Unterdrückung oder islamistischer Terror treiben sie in die Fremde, sondern Armut und Perspektivlosigkeit. Dennoch geben viele Wirtschaftsflüchtlinge an, dass sie politisch verfolgt werden.

Material 7: Petra Bendel – Haben wir es geschafft? Etappenziele der Flüchtlingsintegration – eine erste Zwischenbilanz

Die Autorin ist Professorin für Politische Wissenschaft und Akademische Direktorin des Zentralinstituts für Regionenforschung an der Friedrich-Alexander-Universität Erlangen-Nürnberg.

„Habt ihr es nun geschafft?", fragte mich kürzlich ein spanischer Journalist in Anspielung auf das berühmte Merkel-Zitat „Wir schaffen das". Im europäischen wie im außereuropäischen Ausland seien weiterhin viele Augen auf Deutschland und seine Integrationsleistungen nach dem Zuzug von so vielen Flüchtlingen gerichtet.

Wo stehen wir Ende 2017?

Die hektischen Bemühungen der Jahre 2015 und 2016, die Flüchtlinge mit dem Nötigsten zu versorgen, wichen der Alltagsaufgabe der Integration im Sinne einer chancengerechten Teilhabe. Beim Zugang zu Wohnen, Bildung, Ausbildung und Arbeitsmarkt sind – wie etwa in Nürnberg und Erlangen – innovative und kreative Lösungen entstanden. […]

Teilhabe setzt gerade in den Städten beim Zugang zu Wohnraum an; die Metropolregion Nürnberg ist da keine Ausnahme. Das betrifft selbstverständlich nicht nur, aber auch Flüchtlinge, die sich auf dem regulären Wohnungsmarkt schwer tun und vielfach als „Fehlbeleger" in den Gemeinschaftsunterkünften ausharren müssen. Die Förderung des sozialen Wohnungsbaus, die Vergabe von Bauland, die innerstädtische Nachverdichtung kommen nur allmählich nach. Eine gute soziale Mischung in den Nachbarschaften partizipativ zu planen und zu gestalten, ist für nachhaltige Integration unabdingbar.

Teilhabe bedeutet, den Zugang zu Sprache und zu den Bildungssystemen zu ebnen. Kinderbetreuung, Schulen und Hochschulen haben sich durchaus geöffnet. Dennoch hängt Bildungserfolg weiterhin von der sozialen und wirtschaftlichen Herkunft ab und betrifft damit auch Flüchtlinge in besonderer Weise.

Eine gute frühkindliche Bildung inklusive Sprachförderung, eine interkulturell sensible Ausbildung der Pädagogen und eine bedarfsgerechte finanzielle Unterstützung besonders betroffener Schulen können helfen, solche Nachteile auszugleichen. [...]

Teilhabe bedeutet, die Flüchtlinge zu einem finanziell eigenständigen Leben zu befähigen. Gerade in Bayern finden wir eine hohe Bereitschaft der Wirtschaft vor, junge Flüchtlinge in Ausbildung und Arbeit zu übernehmen. Bundesweit wurden die Regelsysteme für (Nach-)Qualifizierung, Umschulungen und Unternehmenspraktika sowie das Ausbildungssystem für Geflüchtete geöffnet. [...]

Integration lässt sich nicht staatlich verordnen. Sie muss im gesellschaftlichen Alltag stets neu ausgehandelt werden. [...]

Umfragen zeigen, dass Flüchtlingszuwanderung heute kritischer gesehen wird als noch vor zwei Jahren, dass die Bundesbürger zugleich aber kulturelle Vielfalt begrüßen und Geflüchtete nicht nur als temporäre Gäste betrachten, sondern deren Integration auf Dauer gutheißen.

Wie mein spanischer Gesprächspartner betonte, wird dies im Ausland vielfach mit Bewunderung gesehen. Wenn es uns also gelingt, Teilhabechancen für alle zu öffnen und zugleich die Fliehkräfte einer demokratischen, politischen Kultur zu bremsen – dann, ja erst dann kann ich ihm bestätigen, dass wir es geschafft haben.

Material 8: Susan Djahangard, Katrin Eiger, Christina Elmer, Miriam Olbrisch, Jonas Schaible, Mirjam Schlossarek, Nico Schmidt – Richtig ankommen

Inwieweit ist die Integration von Flüchtlingen bereits gelungen und welche Probleme bestehen weiterhin? Die Aspekte „Wohnen", „Deutsch lernen", „Arbeiten" und „Schule" werden unter den Überschriften „Was gut läuft" und „Was schlecht läuft" beleuchtet.

Wohnen
Was gut läuft
Die meisten Flüchtlinge konnten inzwischen aus den Notunterkünften ausziehen und sind in besseren Bleiben untergebracht. Selbst in Berlin,

wo die Zustände besonders schlimm waren, ordnen sich die Verhältnisse langsam. Vor einem Monat verkündete Sozialsenatorin Elke Breitenbach von den Linken, dass „nun endlich die elende Lebenssituation" der Berliner Flüchtlinge in den Turnhallen beendet sei. Seit September 2015 hatte die Stadt in 63 Sporthallen Notquartiere eingerichtet, in den schlimmsten Zeiten mussten dort mehr als 10 000 Menschen auf Pritschen campieren. Ende März packten die letzten 78 von ihnen im Bezirk Pankow ihre Habseligkeiten zusammen und wechselten in Gemeinschaftsunterkünfte. [...]

Wer dieser Tage neu nach Deutschland kommt, findet bessere Bedingungen vor als seine Schicksalsgenossen im Jahr 2015. Länder und Kommunen haben während der Flüchtlingskrise begonnen, zahlreiche Unterkünfte mit verbesserten Standards zu bauen. Manche von ihnen stehen nun leer. [...]

Was schlecht läuft

Der Wohnungsmarkt in deutschen Metropolen ist seit Jahren angespannt. Laut einer Studie im Auftrag der Linken-Fraktion sollen allein in Berlin 130 000 preisgünstige Wohnungen für Geringverdiener fehlen – wohnungssuchende Flüchtlinge nicht mit eingerechnet. In der Hauptstadt leben derzeit aber rund 30 000 Migranten in Gemeinschaftsunterkünften, die früher oder später ebenfalls ihre eigenen vier Wände beziehen wollen. Für ihre Integration wäre es wichtig, Tür an Tür mit deutschen Nachbarn zu leben. Wie viele Flüchtlinge derzeit bundesweit auf der Suche nach einer eigenen Bleibe sind, ist nicht bekannt.

Klar ist nur, dass sie im Wettkampf um bezahlbare Wohnungen häufig schlechte Chancen haben. Ausländer tun sich nicht nur mit der Bürokratie auf den Ämtern schwer, sondern stoßen auch auf Vorurteile. Laut einer Untersuchung des Berliner Instituts für empirische Integrations- und Migrationsforschung (BIM) haben viele Vermieter Angst vor Verständigungsproblemen etwa beim Thema Mülltrennung oder bei der Sonntagsruhe.

Die bisherige Unterstützung vonseiten der Politik reicht nicht aus – die sozialen Wohnungsbauprojekte dauern lange – und auch private Initiativen stoßen laut BIM „an Grenzen". Die Onlineplattform „Flüchtlinge Willkommen" will Schutzsuchende in Wohngemeinschaften vermitteln. Eine schöne Idee, aber sie funktioniert nicht immer: Viele WGs geben an, sie suchten eine Frau oder einen schwulen Mitbewohner. Es brauchen aber vor allem heterosexuelle Männer eine neue Bleibe.

Berichte aus der Praxis

Ein Vorschlag für die Praxis – aus der Fiktion

In seinem Roman „Ein sterbender Mann" lässt der Autor Martin Walser seine Hauptperson Theo Schadt sogenannte „Berichte an die Regierung" schreiben. Dabei enthält sein zweiter Bericht einen konkreten Vorschlag zur Lösung der Flüchtlingsproblematik in Deutschland:

Zweiter Bericht an die Regierung

Bevor Theo Schadt verschwindet, glaubt er, es dem Gemeinwesen, von dem er, mit dem er gelebt hat, schuldig zu sein, einen Vorschlag zu hinterlassen, der, wenn er verwirklicht werden würde, nützlich sein könnte.

Es geht um die allen bekannte Katastrophe, um die Menschen, die täglich an der Festung Europa zu Grunde gehen. Und es wäre, so Theo Schadt, möglich, diese Tragödien zu beenden, wenn jeder, der in Deutschland ein Haus sein Eigen nennt, einen Flüchtling aufnehmen würde. In jedem Haus hat noch ein Flüchtling Platz. Theo Schadt besitzt jetzt noch drei Häuser, hat also Platz für drei Flüchtlinge. Jeder, der ein Haus besitzt, kann dann ein Jahr lang für diesen Flüchtling sorgen. Nach diesem Aufnahme-Jahr übernimmt der Staat die Sorge. In diesem Jahr hat der Hausbesitzer alles getan, den Flüchtling in unserem Gemeinwesen aufzunehmen: Sprache, Ausbildung und was sonst noch nötig sein kann. *Hilfswerk der Hausbesitzer* soll es heißen. Die Hausbesitzer machen endlich Gebrauch von ihrem Privileg, Hausbesitzer zu sein. Aber der Staat, die Regierung muss ja sagen zu diesem Hilfswerk. Vorausgesetzt, die Hausbesitzer haben kundgetan, dass sie mitmachen. Keiner soll gezwungen werden, aber eingeladen fühlen soll sich jeder. So könnte sofort eine Million Flüchtlinge untergebracht werden. Und das Beispiel könnte in Europa wirken. Hausbesitzer aller Länder, vereinigt euch endlich! Macht eurem Namen, eurem Stand alle Ehre. Abgesehen davon, dass die Tragödie auch eine Drohung enthält.

In großer Hoffnung,
Theo Schadt

1. *Diskutieren Sie in der Klasse über Schadts Vorschlag.*

2. *Formulieren Sie eine knappe Interpretation von Theo Schadts Schlussformulierung „Abgesehen davon, dass die Tragödie auch eine Drohung enthält".*

Von der Theorie zur Praxis – in der Realität

Im Folgenden finden Sie Informationen über zwei Frauen und einen Mann, die im Sinne des Vorschlags von Theo Schadt gehandelt und Flüchtlinge bei sich zu Hause aufgenommen haben.

Die Journalistin Adrienne Friedlaender

Adrienne Friedlaender, Journalistin und alleinerziehende Mutter von vier Jungen, nimmt im November 2015 ganz spontan einen jungen syrischen Flüchtling bei sich auf. Der 22-jährige Moaaz lebt sieben Monate bei der Familie. Eine Begegnung, die beide Seiten nachhaltig verändert.

„Wollen wir ihn nicht gleich mitnehmen?" Dieser Satz ihres jüngsten Sohnes hat alles in Bewegung gebracht. Denn als Adrienne Friedlaender im November 2015 den jungen Syrer Moaaz in einer Hamburger Erstaufnahmeeinrichtung für Flüchtlinge kennenlernte, gab es kein Zurück. „Es war eine Bauchentscheidung, bei der vor allem mütterliche Gefühle eine Rolle gespielt haben", sagt die Hamburger Journalistin.

Denn ihr ältester Sohn war gerade aus dem Haus und Moaaz mit seinen 22 Jahren genauso alt wie er: „Ich habe mir sehr oft vorgestellt, wie es wäre, wenn er an irgendwelchen Grenzen sitzen würde, allein in der Fremde, und wie glücklich wäre ich dann, wenn eine fremde Mutter am Ende der Welt ihn einfach mitnimmt."

Adrienne Friedlaender wusste am Anfang fast nichts über Moaaz, nur dass er aus einem Dorf in der Nähe von Damaskus stammte. Später erfuhr sie, dass er eine lange Flucht hinter sich hatte, bevor er nach Hamburg kam: 2012 war sein Elternhaus von einer Bombe getroffen worden, er floh über die Türkei und Griechenland und dann weiter über die sogenannte Balkan-Route nach Deutschland. „Über seine Familie, zu der er noch Kontakt hatte, sprach Moaaz viel", sagt Adrienne Friedlaender, „über seine Flucht habe der junge und eher schüchterne Mann nicht reden wollen."

Adrienne Friedlaender gibt zu, sie sei völlig unvorbereitet gewesen, hätte „keinen Plan" gehabt, dafür aber Mut und Herz. Wenige Minuten nach der ersten Begegnung saß Moaaz schon in ihrem Auto auf dem Weg zu ihr nach Hause. Er ahnte allerdings nicht, was ihn dort erwarten würde: Hund Carlo – was für ein Kultur-Clash! „Ich wusste überhaupt nicht, wie absurd es für einen Moslem ist, mit einem Hund unter einem Dach zu leben", gesteht Adrienne Friedlaender.

Doch Moaaz wollte unter keinen Umständen wieder zurück ins Flüchtlingsheim und freundete sich mit dem Hund ein. Carlo leistete als erstes

Familienmitglied unfreiwillig einen Beitrag zur Integration – ganz ohne Sprache. Genauso übrigens wie die 90-jährige Oma der Familie, die Moaaz gerne lange Vorträge über Politik hielt. Obwohl der junge Syrer damals kaum ein Wort Deutsch verstand, schloss er die alte Dame ins Herz. Die Hamburger Journalistin schildert in ihrem Buch viele solcher amüsanter Familien-Szenen: Es geht z. B. um den Umgang mit deutschem und syrischem „Zeitmanagement", um die Rolle der Frau in Deutschland oder auch um das gemeinsame Einkaufen, Kochen und Essen, das die ganze Familie sehr genossen habe. [...]

Durch Moaaz gewann sie viele neue Einblicke in die arabische Kultur und legte auch Vorurteile ab. Als sie während dieser Zeit für eine Reportage über die Falkenjagd ins Emirat Katar reiste, begriff sie, dass das Einleben für Moaaz in die deutsche Kultur im 24-Stunden-Intensivkurs eine Hochleistung sein musste.

„Heute lebt Moaaz zwar mit einem syrischen Freund in einer 2er-WG, gehört aber immer noch zur Familie", erzählt Adrienne Friedlaender. Ob Konfirmation, Einschulung oder Weihnachten, er sei bei allen Familienfesten dabei. Er sei in Deutschland angekommen, sagt die Journalistin. Eine der schönsten Begebenheiten für sie war, als sie neulich mit Moaaz zum Frühstück verabredet war und sich verspätete. „Da schaute er auf die Uhr und sagte: Du bist sieben Minuten zu spät, was bist du nur für eine Deutsche!"

Sie lacht, die deutsche Pünktlichkeit beherrsche er heute perfekt. Aber es mache sie auch stolz, ihn heute „fröhlich und selbstbewusst" zu erleben. „Er lernt Deutsch, er möchte studieren, er hat keine Berührungsängste mehr, er weiß, wie man sich wo verhält – wir wollten diesem jungen Mann über den Winter ein Zimmer geben und ihm den Start in Deutschland erleichtern und es hat funktioniert." Aber auch sie und ihre vier Söhne nehmen viel aus den gemeinsamen Erfahrungen mit Moaaz mit: „Eine Wertschätzung des eigenen Lebens, wie gut es uns hier geht, dass wir in Frieden leben und alles haben, ist mir auf einmal klar geworden."

Die Hörbuchproduzentin Andrea Herzog

Im vergangenen Sommer wurde aus meiner Wohnung kurzfristig ein „Riad": Ein befreundeter junger Syrer half Tag und Nacht am Hamburger Hauptbahnhof beim Übersetzen, als die vielen Züge voller Flüchtlinge ankamen. Eines Abends rief er mich an, ob ich eine siebenköpfige Gruppe von Irakern bei mir aufnehmen könnte, sie kämen nicht mehr weiter. Ich eilte zum Bahnhof, setzte alle in zwei Taxis und so landeten bei mir: Mama Rukeya, ihre Kinder Ali (9), Bara und Tabarak (Zwillingsmädchen, 8), ihr erwachsener Sohn Kuteyba (23), eine Freundin der Familie, Imam (47) und der junge Riad (25). Alle waren froh und glücklich, irgendwo „gelandet" zu sein. […]

Ich erfuhr Schreckliches von der Flucht, in Ungarn sind sie ausgeraubt worden und ein Schlepper hatte sie übers Ohr gehauen. Ihre Papiere hatten sie zur Sicherheit in der Türkei gelassen. Drei Tage haben sie in meiner Wohnung geduscht und Wäsche gewaschen und ich habe sie ein paarmal gebeten, doch nicht alles unter Wasser zu setzen, sonst käme womöglich bei der Familie unter meiner Wohnung das Wasser durch. Sie waren so dankbar für ein sicheres Dach über dem Kopf! Die Kinder haben sich gleich auf Bilderbücher und Buntstifte gestürzt und aufmerksam die Wörter wiederholt, die ich ihnen vorgesagt habe. Sie können das Deutsche viel besser nachsprechen als die Älteren. Nach einigen Tagen haben eine Freundin und ich die Gruppe zur zentralen Erstaufnahme in Hamburg gebracht, sie mussten ja schließlich registriert werden.

Dort herrschten unbeschreibliches Chaos und undurchsichtige Bürokratie. Ich war empört und wütend. Ist das Willkommenskultur? Mittlerweile verstehe ich, dass es wirklich eine sehr schwierige Aufgabe für die Behörden ist, so viele Menschen in so kurzer Zeit unterzubringen, und habe mit vielen gutwilligen, allerdings oft überforderten Mitarbeitern gesprochen. Trotzdem tun mir die Menschen in den Lagern (unwirtliche Fabrikhallen, leere Baumärkte etc.) sehr leid. Sie haben dort keine Möglichkeit, sich zu „integrieren" – wie denn auch, irgendwo im abgelegenen Industriegebiet? Sie warten und warten auf die nächsten Schritte. Erst nach vier Monaten konnte die irakische Familie endlich einen Asylantrag stellen und auch nur nach Intervention von mir. Sie hatten mich gefragt, ob sie ihre Papiere und Unterlagen zu mir schicken lassen könnten. Ich staunte nicht schlecht, als eines Tages ein riesiger, etwas zerfledderter Koffer aus der Türkei bei mir ankam. Aber die Papiere waren vollständig, und Rukeya und Kuteyba waren froh, auch ein paar andere persönliche Sachen wiederzuhaben. Solche Dinge werden wohl oft auf der Flucht geklaut und beschränkt man sich erst einmal auf das Notwendigste. Neue Papiere aus dem Irak zu besorgen wäre so gut wie unmöglich gewesen.

Ich besuche „meine Irakis", sooft ich kann, versorge sie mit Spielzeug, Klamotten, ein bisschen Kosmetik, Deutschunterrichtsmaterial etc. Mittlerweile sind sie schon zum dritten Mal in eine andere Unterkunft verlegt worden. Imam und Riad hatten als „Alleinreisende" Transfer in andere

Lager. Ich erfuhr, dass sich diese beiden Alleinflüchtenden erst unterwegs der Familie A. angeschlossen hatten, da der beschwerliche Weg in einer Gruppe sicherer ist.

Glücklicherweise kümmert sich auch eine Freundin von mir immer wieder um die Familie und begleitet sie ebenfalls bei den vielen Behördengängen oder versucht, jemanden ans Telefon zu bekommen, der für eine bestimmte Angelegenheit (z. B. Zugang zu medizinischer Versorgung) zuständig ist. Allein könnte ich das gar nicht schaffen. Es gibt so viel, was nötig ist: immer wieder Zuspruch, ein bisschen Deutschunterricht, Winterschuhe, Hilfe beim Erklären und Sortieren seitenlanger amtlicher Schreiben. Aber wir sind immer in Kontakt über Facebook und WhatsApp und sie wissen, dass sie sich auf mich verlassen können. Ich hoffe sehr, dass die Kinder bald in eine Schule gehen und Rukeya irgendwo die Möglichkeit bekommt, selbst zu kochen, das in Plastik verpackte Essen im Lager mag sie gar nicht. Rukeya ist eine starke Frau, lacht gern und bemuttert auch noch einige andere junge Landsleute. Im Irak war sie Grundschullehrerin. Sie hat schon viel durchgemacht: Ihr erster Mann (Kuteybas Vater) ist im Dritten Golfkrieg gestorben, der Vater der jüngeren Kinder wurde vom IS ermordet. Sie möchte arbeiten, sie möchte, dass ihre Kinder etwas lernen, sie ist neugierig auf Deutschland. Sie hat mir gegenüber angekündigt, dass sie das Kopftuch ablegen werde, sobald sie nicht mehr in einem Camp wohnen muss. Mit ihren wunderschönen langen schwarzen Haaren sieht sie um Jahre jünger aus! […]

Mich beeindruckt die Fantasie, mit der die allermeisten Flüchtlinge ihr derzeit wirklich kompliziertes Leben im fremden Land einigermaßen bewältigen. Es sind ganz unterschiedliche Menschen mit individuellen Geschichten, Bedürfnissen, Wünschen, Träumen, Ängsten und vor allem mit ganz viel Hoffnung, hier ein Leben in Sicherheit führen zu können. Wie schwer es ist, im kalten Hamburg in der Fremde zu sein, las ich neulich in einem Facebook-Post von Kuteyba: Es waren wunderschöne Fotos von Palmen, Blumen, Bergen, blauem Himmel, einem See. „Krank vor Heimweh" übersetzt mir der Translator den arabischen Satz, den Kuteyba dazugeschrieben hatte.

„Fremd" heißt *adjnabi* auf Arabisch und „Flüchtling" *ladji*. Ich stelle mir vor, ich wäre als Kind nicht im Schwabenland im Nachkriegshaus, sondern in einer staubigen, heißen Fabrikhalle in der Nähe von Bagdad gelandet, wo ich eine total neue Sprache, viele fremde Menschen mit seltsamen Verhaltensweisen, total ungewohntes Wetter, komisches Essen und viele andere merkwürdige Dinge hätte kennenlernen müssen. Wie hätte ich mich in so einem fremden Land zurechtgefunden?

Der CDU-Politiker Martin Patzelt

Gerade kommt Katharina Patzelt mit ihren beiden neuen Mitbewohnern aus der Kaufhalle. „Die werden jetzt öfter kommen, sie verstehen nicht gleich alles, hab' ich der Verkäuferin erklärt", sagt Patzelt und deutet auf die beiden jungen Männer aus Eritrea. „Ja, ja, ist in Ordnung, hat sie gesagt. Die Leute in der Gegend müssen sich an Schwarze erst gewöhnen."

Patzelt wohnt im brandenburgischen Briesen, einem Straßendorf kurz vor Frankfurt (Oder). Das Dachgeschoss des großen, zitronengelben Hauses hat seit Kurzem zwei neue Bewohner: Haben, 19 Jahre, und Awet, 24 Jahre, Flüchtlinge aus Eritrea. Die beiden, klein und drahtig, sitzen auf der Eckbank am Küchentisch und versuchen zu verstehen. […]

Die Verständigung ist noch schwierig, manchmal klappt sie nur mit Händen und Füßen. Also erzählt erst mal Frau Patzelt, wie die neue Hausgemeinschaft sich gefunden hat. Martin Patzelt, CDU-Bundestagsabgeordneter aus Frankfurt (Oder), und seine Frau gehen jeden Sonntag in die katholische Kirche. Jedes neue Gesicht fällt dort auf, und so kamen die Patzelts ins Gespräch mit den beiden, luden sie mal zum Essen ein, machten mit ihnen einen Ausflug. Irgendwann haben Haben und Awet gefragt, ob sie nicht bei ihnen einziehen könnten. „Da haben wir Ja gesagt", sagt Martin Patzelt. „Wir wollen ihnen hier eine Starthilfe geben, helfen, dass sie Deutsch lernen, und sie irgendwann wieder ins Leben entlassen, wie unsere eigenen Kinder."

Fünf erwachsene Kinder hat Patzelt und zehn Enkelkinder; ein Sohn lebt noch im Haus, der teilt sich jetzt das Dachgeschoss mit den Eritreern. Er kennt das schon von seinem Vater. Acht Jahre lang war Patzelt Oberbürgermeister von Frankfurt (Oder). Vor zwei Jahren wurde er per Direktmandat für die CDU in den Bundestag gewählt. Im vergangenen Jahr schrieb er einen offenen Brief an Hans-Christian Ströbele; der Grüne forderte mehr Geld für die öffentlichen Kassen, um eine humane Flüchtlingspolitik zu erreichen. Patzelt hingegen setzt eher auf das freiwillige Engagement der Mitbürger. „Ich schlage vor, dass wir beide, Sie und ich, ein oder zwei Flüchtlinge persönlich bei uns aufnehmen, bis diesen eine menschenwürdige, individuelle Unterkunft statt kasernierte Massenquartiere angeboten wird", schrieb er an Ströbele. Auch Mitbürger rief er dazu auf, Flüchtlinge aufzunehmen.

Von Ströbele bekam er keine Antwort, dafür anonyme Morddrohungen von Mitbürgern. „Viele fanden, es sei eine Zumutung, auch nur daran zu denken, einen Flüchtling aufzunehmen", sagt Patzelt. Er selbst wuchs mit 13 Geschwistern auf. Anregen wolle er, aber niemanden drängen; schließlich müsse Deutschland eine Lösung finden, sagte er damals. „Wir müssen alle aufnehmen, die vor Krieg fliehen", sagt Patzelt. „Wir sind nun in einer Situation in Deutschland, da kommt es auf uns an."

In den Massenunterkünften sei eine Eskalation abzusehen. Unterschiedliche Kulturen prallten aufeinander, die sich in einer Situation traumatischer Bedrohung befänden. „Es entstehen Emotionen, die sich Ventile suchen", sagt Patzelt. Er ist mit seiner Meinung nicht allein. Laut einer Umfrage des Magazins „Stern" machen sich 67 Prozent der Deutschen große oder sehr große Sorgen über die vermehrten Anschläge auf Asylbewerberunterkünfte wie zuletzt in Meißen. […]

Haben und Awet sind nun seit eineinhalb Jahren in Deutschland. Bis zu einem Viertel der Bevölkerung soll schon ausgewandert sein aus ihrem Heimatland Eritrea, einem kleinen Staat in Nordostafrika mit rund sechs Millionen Einwohnern. […]

„In Eritrea fühlt man sich nie sicher. Tag oder Nacht. Sie können jederzeit kommen und dich zum Militär schleppen", sagt Haben auf Englisch. „Schon sechsjährige Kinder fliehen." Haben kommt aus einer Pfarrersfamilie. Er lief über die Grenze in den Sudan, bevor die Soldaten ihn abkommandieren konnten. Awet war beim Militär und floh mit einem Pick-up durch die Wüste. Beide schafften es bis nach Libyen und gelangten auf einem kleinen Holzboot nach Europa. Vom Erstaufnahmelager in Eisenhüttenstadt kamen sie schließlich nach Frankfurt (Oder). Dort lernten sie sich kennen, weil sie ein Zimmer miteinander teilen sollten. „Seitdem sind wir wie Brüder", sagt Awet.

„Die Aufnahme der beiden stellt für uns keine wesentliche Last dar", sagt Patzelt. 100 Euro bekommt die Familie von der Ausländerbehörde pro Flüchtling jeden Monat für die Betriebskosten. Auch eine kleine Miete bekämen sie vom Amt bezahlt – schließlich ist die Unterbringung in einer Familie für den Staat wesentlich günstiger als ein Platz im Heim, der pro Monat rund 2000 Euro verschlingt. Die Patzelts aber verzichten auf die Miete.

Außerdem bekommen Haben und Awet 326 Euro pro Monat von der Ausländerbehörde für Verpflegung und Kleidung. Das Bundesamt für Migration und Flüchtlinge entscheidet in diesen Tagen über ihren Aufenthaltsstatus, ihre Anhörung hatten sie schon. Wenn keine große Überraschung passiert, bekommen die beiden in Deutschland ein Bleiberecht. Christen werden in Eritrea von der Regierung und dem islamistischen Teil der Bevölkerung als Bedrohung wahrgenommen. […]

„Biete WG-Zimmer, suche Flüchtling!", solche und ähnliche Annoncen gibt es viele auf der Homepage von immoscout24.de. Das Portal „Flüchtlinge Willkommen" vernetzt Studenten und Flüchtlinge. Mehr als 1000 Wohngemeinschaften haben sich hier schon gemeldet, die grundsätzlich bereit sind, Flüchtlinge aufzunehmen.

Für die Patzelts ist die Aufnahme von Haben und Awet erst einmal eine Beziehung auf Zeit. Starthilfe wollen sie geben und Orientierung. Auf die Frage, wo es hingehen soll mit ihnen, wissen die beiden derzeit noch keine Antwort.

1. *Analysieren Sie die Erfahrungsberichte unter folgenden Leitfragen:*
- *Was waren jeweils die Motive für die Flucht der Menschen?*
- *Welche Motive für die Aufnahme von Flüchtlingen werden genannt?*
- *Welche Probleme hat es dabei gegeben?*
- *Welchen Gewinn haben die Helfer aus dem Projekt gezogen?*

2. *Informieren Sie sich bei einer nahe gelegenen Behörde, welche Voraussetzungen erfüllt werden müssen, um privat Flüchtlinge aufzunehmen.*

3. *Verfassen Sie eine Anzeige, in der Sie Wohnraum für Flüchtlinge anbieten. Formulieren Sie dabei Ihre Erwartungen an die neuen Untermieter.*

4. *Versetzen Sie sich in die Rolle*
- *des jungen Syrers Moaaz (Praxis-Beispiel Nr. 1)*
- *des jungen Irakers Riad (Praxis-Beispiel Nr. 2)*
- *des jungen Eritreers Awet (Praxis-Beispiel Nr. 3)*
und schreiben Sie an Ihre Verwandten zu Hause einen Brief, in dem Sie über Ihre Erfahrungen in Deutschland berichten.

5. *Führen Sie im Anschluss daran eine geheime Abstimmung in der Klasse / in der Jahrgangsstufe durch. Entwerfen Sie dafür einen Fragebogen. Fragen Sie darin Folgendes ab:*
- *Würdest du einen Flüchtling in eurem Haus / in eurer Wohnung aufnehmen wollen?*
- *Wenn ja: Welche Voraussetzungen müsste dieser Flüchtling erfüllen? Wie viel Zeit würdest du für die Betreuung aufbringen (in Stunden pro Tag)?*
- *Wenn nein: Welche Begründung(en) würdest du für deine Ablehnung nennen?*

„Willkommen bei den Hartmanns" – Vergleich mit einem Kinofilm

Im Jahr 2016 kam der Film „Willkommen bei den Hartmanns" in die deutschen Kinos und wurde zu einem großen Publikumserfolg. Simon Verhoeven schrieb das Drehbuch und führte Regie. Nicht nur der Filmtitel lädt zu einem Vergleich mit dem Theaterstück „Willkommen" ein.

Die Laufzeit des Films beträgt 116 Minuten.

Der Film ist für eine Vorführung im Klassenzimmer über das Katholische Filmwerk in Frankfurt/M. inklusive didaktischen Materials erhältlich.

1. Lesen Sie für einen Vergleich zwischen dem Film und dem Theaterstück zunächst die Dialoge aus dem Film.

Dialoge aus dem Film „Willkommen bei den Hartmanns"

Personen: die Mutter Angelika Hartmann (ehemalige Deutschlehrerin an einem Gymnasium), der Vater Richard Hartmann (Chefarzt für Orthopädie an einer Universitätsklinik), der Sohn Philipp Hartmann (Unternehmensberater), die Tochter Sophie Hartmann (Studentin der Psychologie), der Leiter des Flüchtlingsheims, der Flüchtling Diallo, Tarek (Assistenzarzt in der Klinik)

Die Familie am Wohnzimmertisch

Angelika:: Ich habe mich entschlossen, dass wir einen Flüchtling aufnehmen.

Philipp:: Das ist nicht dein Ernst, […] das ist ein Witz.

Sophie:: Denkst du, das Leben dieser Menschen ist ein Witz?

Philipp:: Die sind teilweise nicht mal registriert, […] wir haben komplett die Kontrolle über die Lage verloren.

Angelika:: Diese Menschen sind auf jeden Fall hier bei uns, das ist die Realität.

Philipp:: Nicht alle Flüchtlinge sind die lieben Engelchen, von denen ihr am Hauptbahnhof geträumt habt.

Angelika:: Wir müssen alle mithelfen, dass die Integration gelingt.

Richard:: Wie stellst du dir das denn vor? Wo soll der Flüchtling leben? […] Es gibt keine Flüchtlinge hier im Haus. Frau Merkel hat die Dritte Welt zu sich eingeladen. Wir machen das nicht, Ende der Diskussion.

Angelika:: Das ist auch mein Haus, Herr Hartmann. Ich will diesen Menschen helfen und du … lässt dir deine Falten wegspritzen für viel Kohle und hast kein Herz für […]

Sophie::   Ich find's richtig, was Mama gesagt hat.

Philipp::   Weil ihr beide am Helfersyndrom leidet.

Sophie::   Besser als am Arschloch-Syndrom.

Am nächsten Tag beim Frühstück

Richard::   Es tut mir leid, dass ich gestern so – wir können über alles reden, […] du bist manchmal sehr emotional in deinen Entscheidungen.

Angelika::   Wir haben um 14 Uhr einen Termin im Flüchtlingsheim.

Im Flüchtlingsheim

Richard::   Wie läuft das ganze theoretisch ab? […] Können wir uns einen aussuchen?

Leiter des Flüchtlingsheims: Das ist hier nicht das Tierheim, Herr Hartmann. […] Die Leute stellen sich dann vor bei Ihnen.

Diallo stellt sich bei Familie Hartmann vor

Angelika:: Wir wollen Menschen helfen, weniger verwirrt zu sein. Hier anzukommen, sich zu integrieren.

Richard:: Ich hätte da noch ein paar Fragen. Wir müssen uns natürlich ein bisschen absichern. Es gibt ja immer Schafe unter den Schwarzen – äh, Schwarze unter den Schafen, äh, also schwarze Schafe unter den ... Kriminelle, Sexualstraftäter, Verbrecher.

Diallo:: Ich sage, man soll sie stecken in Flugzeug, über Wüste fliegen und sie rauswerfen.

Richard:: Kein uninteressanter Gedanke, aber wie steht's denn mit dem Thema Islamismus? Ich meine, was haben Sie denn genau erlebt in Nigeria?

Diallo:: Ich nicht darüber sprechen, bitte, [...] meine Familie, ich hab nicht mehr. Ich ganz allein.

Im Flüchtlingsheim

Leiter des Flüchtlingsheims: Da haben Sie eine gute Wahl getroffen. Diallo ist ein guter Typ, Handwerker aus einem kleinen Dorf an der Grenze zu Kamerun. Hatte es nicht immer einfach hier, denn auch unter den Flüchtlingen gibt es leider Rassisten.

Angelika:: Aber er wird doch Asyl bekommen, nicht wahr?

Leiter des Flüchtlingsheims: Das ist leider nicht so sicher heutzutage. Die Entscheidung über sein Asylverfahren fällt in vier Wochen und bis dahin wäre es verdammt wichtig, dass er in Ruhe und Frieden leben kann.

Im Auto

Richard:: Wir sollten Diallo auf jeden Fall einem ordentlichen Backgroundcheck unterziehen.

Angelika: Würdest du bitte mal für fünf Minuten deine Paranoia abstellen.

Richard:: Besser paranoid als tot.

Angelika:: Aber wie sagen wir den Leuten ab, die wir nicht nehmen?

Auf einer Dachterrasse

Sophie:: Mein Vater ist in einer Krise so wie das ganze Land und – ehrlich – ich weiß auch nicht, wohin das alles führen soll. Früher
hatte ich immer 'ne klare Meinung zu richtig und falsch und
zurzeit habe ich sie einfach nicht.

Tarek: Ich glaub, die ganze Krise, all die Diskussionen, vielleicht merken wir dadurch wieder, wer wir sind, als Land, beziehungs-
weise wer wir sein wollen. Wir Deutsche sind immer noch so
scheißverkrampft über unsere eigene Identität, dabei sind wir
ein freies, tolerantes Land, ein geiles Land. Deshalb müssen wir
auch diese Werte verteidigen gegenüber allen, die sie nicht
akzeptieren, egal ob das Deutsche sind oder Ausländer, Rechte
oder Linke, egal ob das Nazis sind oder Islamisten.

2. *Vergleichen Sie in Gruppenarbeit Theaterstück und Film. Gehen Sie dabei
auf folgende Fragen ein:*
- *Wie ist die jeweilige Ausgangssituation?*
- *Wie kann man die handelnden Personen charakterisieren (z. B. auch nach
sozialer Schicht, Beruf, Wohnsituation)?*
- *Wie argumentieren die handelnden Personen?*
- *Wie lösen sich im Film und im Theaterstück die Konflikte auf?*
*Finden Sie eine anschauliche Präsentationsform der Ergebnisse Ihrer Grup-
penarbeit.*

3. *Klären Sie in einer abschließenden Abstimmung in der Klasse im Vergleich
zwischen Film oder Theaterstück:*
- *Was ist unterhaltsamer?*
- *Was ist näher an der Realität?*
- *Was bringt mehr Erkenntnisse über die Problematik?*
Suchen Sie in der Klasse nach Begründungen für das Abstimmungsergebnis.

Das Thema „Flüchtlinge" in anderen Werken der deutschsprachigen Literatur

Johann Wolfgang von Goethe: Hermann und Dorothea

„Hermann und Dorothea", 1796/97 entstanden und 1798 publiziert, ist eine „idyllisch-epische" Dichtung in Hexametern, deren neun Gesänge nach den Musen (Kalliope ist z. B. die Muse der epischen Dichtung) benannt sind. Die Handlung spielt in einem rechtsrheinischen Städtchen und schildert einen Flüchtlingszug aus Frankreich im Gefolge der Revolutionswirren. Die Honoratioren des Ortes – das begüterte Wirtsehepaar zum „Goldenen Löwen", der Apotheker und Pfarrer – beschreiben und kommentieren das Geschehen, im Mittelpunkt steht aber eine Brautwahl: Hermann, der tüchtige, jedoch schüchterne Sohn des Wirts zum Löwen, lernt, als er mit Geschenken für die Flüchtlinge unterwegs ist, die schöne, tatkräftige, besonnene junge Dorothea kennen, die für Flüchtlingskinder und eine mitziehende Wöchnerin sorgt. Er übergibt dem Mädchen seine Gaben zu gerechter Verteilung unter die Fliehenden. Beide werden ein Paar.

Im 19. Jahrhundert wurde die Dichtung überaus hoch geschätzt, weil sie bürgerliche Lebensvorstellungen und Geschlechterstereotypien, nicht ohne Ironie von Seiten des Erzählers, in klassischer Form gestaltet. Zugleich setzte sich Goethe ideologisch mit den Folgen der Französischen Revolution auseinander.

Als Quelle des Epos diente Goethe eine erbauliche Anekdote aus der „Vollkommenen Emigrationsgeschichte von denen aus dem Erzbistum Salzburg vertriebenen Lutheranern von Göcking" (1734), die der Dichter in seine Gegenwart und ins Rheinland verlegt.

Beim 1. Gesang handelt es sich um ein Gespräch der Wirtsleute zum „Goldenen Löwen" über die in der Nähe vorbeiziehenden linksrheinischen Flüchtlinge; ihr Sohn Herrmann ist mit Spenden zu ihnen hinausgefahren; der gemeinsam mit anderen Mitbürgern zurückgekehrte Apotheker schildert den Zustand der Flüchtlinge.

Kalliope
Schicksal und Anteil

„Hab ich den Markt und die Straßen doch nie so einsam gesehen!
Ist doch die Stadt wie gekehrt! wie ausgestorben! Nicht fünfzig,
Deucht mir, blieben zurück von allen unsern Bewohnern.
Was die Neugier nicht tut! So rennt und läuft nun ein jeder,
Um den traurigen Zug der armen Vertriebnen zu sehen.
Bis zum Dammweg, welchen sie ziehn, ist's immer ein Stündchen,

Und da läuft man hinab, im heißen Staube des Mittags.
Möcht' ich mich doch nicht rühren vom Platz, um zu sehen das Elend
Guter fliehender Menschen, die nun, mit geretteter Habe,
Leider, das überrheinische Land, das schöne, verlassend,
Zu uns herüberkommen und durch den glücklichen Winkel
Dieses fruchtbaren Tals und seiner Krümmungen wandern.
Trefflich hast du gehandelt, o Frau, dass du milde den Sohn fort
Schicktest, mit altem Linnen und etwas Essen und Trinken,
Um es den Armen zu spenden; denn Geben ist Sache des Reichen.
Was der Junge doch fährt! und wie er bändigt die Hengste!
Sehr gut nimmt das Kütschchen sich aus, das neue; bequemlich
Säßen viere darin und auf dem Bocke der Kutscher.
Diesmal fuhr er allein; wie rollt es leicht um die Ecke!"
So sprach, unter dem Tore des Hauses sitzend am Markte,
Wohlbehaglich, zur Frau der Wirt zum Goldenen Löwen.

Und es versetzte darauf die kluge verständige Hausfrau:
„Vater, nicht gerne verschenk ich die abgetragene Leinwand,
Denn sie ist zu manchem Gebrauch und für Geld nicht zu haben,
Wenn man ihrer bedarf. Doch heute gab ich so gerne
Manches bessere Stück an Überzügen und Hemden,
Denn ich hörte von Kindern und Alten, die nackend dahergehn.
Wirst du mir aber verzeihn? denn auch dein Schrank ist geplündert.
Und besonders den Schlafrock mit indianischen Blumen,
Von dem feinsten Kattun, mit feinem Flanelle gefüttert,
Gab ich hin; er ist dünn und alt und ganz aus der Mode."

Aber es lächelte drauf der treffliche Hauswirt und sagte:
„Ungern vermiss ich ihn doch, den alten kattunenen Schlafrock,
Echt ostindischen Stoffs; so etwas kriegt man nicht wieder. […]"

„Siehe!", versetzte die Frau, „dort kommen schon einige wieder,
Die den Zug mit gesehn; er muss doch wohl schon vorbei sein.
Seht, wie allen die Schuhe so staubig sind! wie die Gesichter
Glühen! und jeglicher führt das Schnupftuch und wischt sich den
Schweiß ab.
Möcht' ich doch auch in der Hitze nach solchem Schauspiel so weit nicht
Laufen und leiden! Fürwahr, ich habe genug am Erzählten."

Und es sagte darauf der gute Vater mit Nachdruck:
„Solch ein Wetter ist selten zu solcher Ernte gekommen,
Und wir bringen die Frucht herein, wie das Heu schon herein ist,
Trocken; der Himmel ist hell, es ist kein Wölkchen zu sehen,

Und von Morgen wehet der Wind mit lieblicher Kühlung.
Das ist beständiges Wetter! und überreif ist das Korn schon;
Morgen fangen wir an zu schneiden die reichliche Ernte."

Als er so sprach, vermehrten sich immer die Scharen der Männer
Und der Weiber, die über den Markt sich nach Hause begaben;
Und so kam auch zurück mit seinen Töchtern gefahren
Rasch, an die andere Seite des Markts, der begüterte Nachbar,
An sein erneuertes Haus, der erste Kaufmann des Ortes,
Im geöffneten Wagen (er war in Landau verfertigt).
Lebhaft wurden die Gassen; denn wohl war bevölkert das Städtchen,
Mancher Fabriken befliss man sich da, und manches Gewerbes.

Und so saß das trauliche Paar, sich unter dem Torweg
Über das wandernde Volk mit mancher Bemerkung ergötzend.
Endlich aber begann die würdige Hausfrau und sagte:
„Seht! dort kommt der Prediger her, es kommt auch der Nachbar
Apotheker mit ihm: die sollen uns alles erzählen,
Was sie draußen gesehn und was zu schauen nicht froh macht."

Freundlich kamen heran die beiden und grüßten das Ehpaar,
Setzten sich auf die Bänke, die hölzernen, unter dem Torweg,
Staub von den Füßen schüttelnd und Luft mit dem Tuche sich fächelnd.
Da begann denn zuerst, nach wechselseitigen Grüßen,
Der Apotheker zu sprechen und sagte, beinahe verdrießlich:
„So sind die Menschen fürwahr! und einer ist doch wie der andre,
Dass er zu gaffen sich freut, wenn den Nächsten ein Unglück befället!
Läuft doch jeder, die Flamme zu sehn, die verderblich emporschlägt,
Jeder den armen Verbrecher, der peinlich zum Tode geführt wird.
Jeder spaziert nun hinaus, zu schauen der guten Vertriebnen
Elend, und niemand bedenkt, dass ihn das ähnliche Schicksal
Auch, vielleicht zunächst, betreffen kann, oder doch künftig.
Unverzeihlich find ich den Leichtsinn; doch liegt er im Menschen."

[…]

Freundlich begann sogleich die ungeduldige Hausfrau:
„Saget uns, was ihr gesehn; denn das begehrt' ich zu wissen."

„Schwerlich", versetzte darauf der Apotheker mit Nachdruck,
„Werd ich so bald mich freun nach dem, was ich alles erfahren.
Und wer erzählet es wohl, das mannigfaltigste Elend!
Schon von ferne sahn wir den Staub, noch eh' wir die Wiesen
Abwärts kamen; der Zug war schon von Hügel zu Hügel

Unabsehlich dahin, man konnte wenig erkennen.
Als wir nun aber den Weg, der quer durchs Tal geht, erreichten,
War Gedräng und Getümmel noch groß der Wandrer und Wagen.
Leider sahen wir noch genug der Armen vorbeiziehn,
Konnten einzeln erfahren, wie bitter die schmerzliche Flucht sei,
Und wie froh das Gefühl des eilig geretteten Lebens. […]

1. *Geben Sie die geschilderte Situation in eigenen Worten wieder.*

2. *Welches Bild von den Vertriebenen wird gezeichnet?*

3. *Erläutern und bewerten Sie das Verhalten der Einheimischen. Gehen Sie dabei insbesondere auf das Handeln der Wirtsleute ein.*

4. *Legen Sie dar, inwiefern Parallelen zu den gegenwärtigen Flüchtlingsbewegungen zu ziehen sind. Skizzieren Sie auch die Unterschiede.*

5. *Erklären und diskutieren Sie die Relevanz folgender Verse:*
„[…] denn Geben ist Sache des Reichen."
„[…] und niemand bedenkt, dass ihn das ähnliche Schicksal / Auch, vielleicht zunächst, betreffen kann, oder doch künftig."

6. *Das Epos ist in einer strengen Form verfasst. Erklären Sie diese Form und untersuchen Sie deren Wirkung.*

Michael Köhlmeier: Das Mädchen mit dem Fingerhut

Die etwa sechsjährige Yiza verliert ihren „Onkel", der sie in einer mitteleuropäischen Stadt betreut hat. Sie muss sich mit zwei anderen Jugendlichen durchschlagen. Im Gartenhaus einer Villa wird sie von der Besitzerin, einer älteren Frau, gefunden und vorläufig aufgenommen und eingesperrt, um sie „für sich" zu haben.

Die Frau trug Yiza durch den Garten zur Villa. Vorsichtig stieg sie über die Steinstufen, auf dem Kies der Serpentinen setzte sie einen Fuß vor den anderen, hielt immer wieder inne und balancierte sich aus, damit sie nicht strauchelte, sie war eine zierliche Frau und hatte wenig Kraft und war nicht mehr jung. Sie sagte: Meine Kleine, jetzt wird alles gut.

Yiza stand im Badezimmer, nackt, in ein Badetuch gehüllt. Die Frau prüfte mit der Hand die Temperatur des Wassers, das in die Wanne floss.

Gleich wirst du dich fühlen wie im Himmel, sagte sie. Das Badezimmer war geräumig, die Wanne stand frei auf gusseisernen Füßen, die Löwen-

93

tatzen nachgebildet waren. Die Wände waren in einem weichen Vanilleton gekachelt. Über dem Waschbecken hing ein dreiteiliger Spiegel. Es roch nach parfümierter Seife.

Ich wasche dich und creme dich ein, sagte die Frau. Dann lege ich dich in ein sauberes Bett, und du wirst schlafen und gesund werden.

Yiza schaute sie nicht an. Sie schaute nichts an. Sie fror nicht mehr. Sie hatte keinen Hunger. Auch Durst hatte sie nicht. Sie war müde. Sie sorgte sich nicht um Träume und sorgte sich nicht um Arian. Ihre Füße schienen ihr weit weg zu sein. Als wäre sie in den letzten Stunden gewachsen.

Komm, sagte die Frau. Komm!

Sie nahm ihr das Badetuch ab, führte sie zur Wanne und machte Zeichen. Yiza stieg in die Wanne. Setzte sich ins Wasser und starrte geradeaus, wie sie zuvor geradeaus gestarrt hatte. Die Frau sprach eine Weile nicht mehr mit ihr, sie machte nur noch Zeichen. Dann sprach sie wieder. Weil es ihr zu still war.

Das ist der Kopf, sagte die Frau und seifte Yizas Kopf ein. Der Kopf besteht aus dem Gesicht und aus den Haaren. Aber das weißt du ja alles.

Sie legte einen Finger unter Yizas Kinn und dirigierte ihr Gesicht so, dass es auf sie gerichtet war. Aber Yiza sah durch sie hindurch.

Mein armes Kind, sagte die Frau, gut, dass du zu mir gekommen bist. Ich heiße Renate. Ich bin Renate. Renate. Renate. Ich Renate, wer du? Ich heiße Renate, wie heißt du? Und das sind die Schultern. Und das ist der Hals. Das ist die Brust, das ist der Rücken. Und das ist die Hand. Das sind die Finger. […]

Die Frau trocknete Yiza ab, cremte ihren mageren Körper ein, legte das Badetuch um sie und trug sie ins Schlafzimmer. Sie zog ihr ein Nachthemd an und deckte sie zu. Sie setzte sich in der Ecke auf einen Sessel.

Du verstehst mich nicht. Oder verstehst du mich? Verstehst du mich? Wenn du mich verstehst, willst du dann mit dem Kopf nicken? Oder ein Bein aus der Zudecke strecken?

Aber Yiza nickte nicht mit dem Kopf, und sie streckte auch kein Bein aus der Zudecke. Sie hustete, und es klang nicht gut. Bald schief sie ein, und bald war ein neuer Tag.

Die Frau gab ihr Tee zu trinken und Haferbrei zu essen oder leicht gesalzene Kartoffelsuppe und gedünstete Karotten. Sie klemmte ihr das Fieberthermometer unter die Achsel. Als die Temperatur auf 40 Grad anstieg, legte sie ihr Essigwickel um die Waden. Gut, dass du zu mir gekommen bist, sagte sie wieder und wieder, und dann waren wieder Abend und Nacht und Morgen und wieder Abend und wieder Nacht […]

Am vierten oder fünften Tag hatte Yiza kein Fieber mehr. Sie trank viel. Saß im Bett, im Rücken das mächtige Zierkissen. Mit beiden Händen hielt sie die Tasse. Sie trank hastig, und roter Tee tropfte auf ihr sauberes Nachthemd. Schnell blickte sie zu der Frau, die neben dem Bett saß. Ob sie ihre Unachtsamkeit bemerkt hatte. Die Frau lächelte und nickte und schloss dabei die Augen. […]

Als Yiza so weit genesen war, dass sie den Tag über nicht mehr im Bett bleiben musste, führte die Frau sie an der Hand hinaus in den Korridor und über den Korridor in ein anderes Zimmer.

Die Frau sagte: Fünf! Fünf Minuten! Es dauert nur fünf Minuten! Sie zählte ihr die Finger vor. Fünf! Eins, zwei, drei, vier, fünf! Fünf!

Sie führte sie zu einem Sessel, drückte sie darauf nieder, strich ihr über die Haare, und lächelte, was die Falten in ihrem Gesicht zeigte.

Dieses Zimmer war vollgestellt mit Möbeln. Solche hatte Yiza nie gesehen. Es roch hier nach scharfem Gewürz. Vor den Fenstern hingen Vorhänge, die waren schwer und dunkel. Die Frau beugte sich über Yiza und ließ ihre Hände nicht los. Yiza zerrte, aber die Frau ließ ihre Hände nicht los. Yiza wimmerte, aber die Frau ließ nicht los. Yiza krallte ihre Fingernägel in den Daumen der Frau. Die Frau schrie auf, ließ Yizas Hand los, steckte den Daumen in den Mund und schlug ihr mit der anderen Hand ins Gesicht.

Yiza verbarg ihre Augen hinter den Händen. Sie atmete schnell und immer schneller. Die Frau beugte sich über sie, sagte, das habe sie nicht gewollt, im Gegensatz zu ihr, die sie ja in voller Absicht in ihre Hand gebissen habe. […]

Yiza wurde in ihr Zimmer zurückgebracht. Hier standen nun ein Tisch und zwei Stühle in der Mitte. Auf dem Tisch lagen ein Heft, Buntstifte und eine Schachtel mit bunter Aufschrift. Über einen der Stühle waren neue Sachen gelegt, die sollte sie anziehen. Weiße Unterwäsche. Eine weiße Strumpfhose. Ein roter Pullover. Ein roter Rock mit weißen Punkten. Rote Hauspatschen ebenfalls mit weißen Punkten.

Das hat noch niemand vor dir getragen, sagte die Frau. Wenn ich nur wüsste, wie du heißt. Wie heißt du? Ich Renate. Du? Du? Du?

Die Frau wiederholte das Du und klopfte bei jedem Du mit dem Zeigefinger auf Yizas Brust. Immer ein bisschen fester.

Yiza sagte: Arian.

Du heißt Arian? Du Arian? Die Frau klopfte wieder auf Yizas Brust. Du Arian?

Yiza schüttelte den Kopf.

Aber die Frau war zufrieden. Denn das Kind hatte endlich gesprochen. Es hatte endlich etwas gesagt.

Morgen ziehst du die neuen Sachen an, sagte sie. Heute schläfst du. Dann essen wir gemeinsam. Dann schläfst du. Dann ziehst du die neuen Sachen an. Dann lernen wir. Dann lernst du meine Sprache. Dann leben wir zusammen. Du wirst sehen. […]

Sag Oma zu mir, sagte die Frau. Das ist leichter als Renate. Oma. Sag Oma.

Yiza sagte: Oma.

Die Frau machte einen Strich in ein Heft. Wie beim Kartenspiel, wenn man gewonnen hat. Das erste Wort. Sag Hand.

Hand.

Der zweite Strich. Das war leicht gewesen.

Sag Zunge. Wo ist die Zunge. Mach den Mund auf. Schau, meine Zunge. Das ist meine Zunge. Du hast auch eine Zunge. Wo ist deine Zunge? Sag Zunge. Zeig mir deine Zunge. Zunge.

Zunge.

Zeig mir deine Zunge. Das ist die Zunge, ja, das ist sie.

Zunge.

Der dritte Strich.

Wer bin ich?

Oma.

Was ist das?

Hand.

Wo ist die Zunge?

Zunge.

Jetzt bist du müde.

Müde.

Was ist müde?

Müde.

Aber was müde ist, musst du wissen, nicht nur das Wort, du musst denken. Das ist müde. Schau her. Nicht dorthin schauen. Zu mir schauen. Das ist müde. Schau her. Das ist müde.

Müde.

Du kannst es sagen. Aber weißt du auch, was es heißt? Was heißt müde? Mach müde!

Müde.

Jetzt bist du müde. Ja, jetzt bist du müde.

Bodo Kirchhoff: Widerfahrnis

Zwei ältere Erwachsene, Reither und Leonie Palm, leben in einer süddeutschen Seniorenresidenz. Sie entschließen sich sehr spontan zu einer gemeinsamen Reise nach Italien. In Sizilien treffen sie auf ein jüngeres Mädchen, das immer wieder ihre Nähe sucht und um das sie sich schließlich kümmern wollen.

Reither fuhr auf einem Abschnitt entlang am Meer, schon den Bergrücken, auf dem Taormina lag, im Blick, und im Innenspiegel sah er, wie das Mädchen die Apfelsine aß, Stück für Stück bedächtig kauend, ein schönes Bild, und warum nicht auch künftig dieses Bild in der Nähe haben, das Mädchen besuchen und ihr etwas mitbringen, etwas geben, mehr als eine Apfelsine, Brot und Käse, eine Tüte Chips, einen Gutschein fürs Kino, ein Buch, das sich zum Vorlesen eignet, um die fremde Sprache zu lernen. Leonie, wir müssen uns Gedanken machen, was die Kleine will und wie das hier weitergeht, wo sind wir heute Abend, wo sind wir morgen?

Morgen sind wir auf dem Rückweg. Und wenn sie wieder hinten sitzt, dann will sie mit.

Wohin mit, in unser Eistal? Reither bremste den Wagen ab, neben der Straße war schon ein Schild mit Hinweis auf die Ausfahrt. Ihr ist doch gar nicht klar, wo wir herkommen, wo wir hinfahren, sagte er, und da kam endlich die Hand, die ihn nachts erst gehalten hatte und schließlich Halt in seinem Nacken gesucht hatte; auch jetzt war es ein Tasten, ein Suchen. […] Sie weiß genau, wo wir hinfahren – Leonie strich durch sein Haar, gegen den Wuchs –, wie ich genau weiß, dass sie nicht meine Tochter ist. Aber für den Anfang kann sie bei mir wohnen.

Was ist, wenn etwas passiert unterwegs, eine Panne, ein Unfall, wenn Polizei auftaucht, Fragen stellt, was dann? Reither nahm die Ausfahrt, er zahlte die Maut für das kurze Stück, und nach einer Unterführung ging es auf der anderen Seite der Autobahn gleich in spitzesten Kehren auf das Klippenmassiv, das schon die alten Griechen für ein Theater auf der prachtvollsten Stelle entdeckt hatten. Und was ist an der Grenze, sagte er. Die kontrollieren jetzt wieder, machen Stichproben. Das Mädchen hat keine Papiere, sie redet kein Wort, sitzt nur da. […] Wir können das nicht so auf uns zukommen lassen. […]

Sie stiegen aus dem Wagen, Leonie zuerst, dann das Mädchen und zuletzt er, Reither, ganz in dem Bewusstsein, dass sie zu dritt waren, sie drei, die sich da auf den Weg machten hinter Sonnenbrillen – Eltern mit Tochter, hätte man meinen können – und durch das große Tor gingen und nach dem Parklückenglück in das noch gewöhnlichere eines Schaufensterbummels eintraten. Sie beide jedenfalls, die Palm und er, sie bummelten, weil bummeln gelernt sein will, er mit Zigarette in der Hand, sie mit dem kleinen Gerät, mit dem sich so schnell nebenbei ein Foto machen ließ, während das Mädchen mit leeren Händen zwischen ihnen ging und nicht recht wusste, wo es hinschauen sollte, als sie an Läden vorbeikamen mit nichts als Juwelen im Fenster, so schien es, zur Schau gestellt auf Samt oder Marmor. […] Er ging etwas hinter Leonie und dem Mädchen, das hatte sich so ergeben im Gedränge, einem Hin und Her von Leuten aus aller Welt; […] Ziel war das Amphitheater am anderen Ende der Fußgängerstraße, und vielleicht fände sich ja unterwegs ein bezahlbares Kleid, damit der rote Fetzen ausgedient hätte. Eine vage Vorstellung war das, keine Überlegung, ähnlich vage wie die Blicke des Mädchens zum einen und anderen Schaufenster, Seitenblicke nur, dabei den Kopf gesenkt, als wär es ein Spießrutenlaufen, sie duckte sich weg und wollte gleichzeitig sehen, was auf sie einstürzte oder die Welt für andere bereithielt. An allem, was fiebern ließ, ging es vorbei, die Dinge selbst wie befallen von einer Krankheit, der Krankheit Überfluss, an Schuhen, so teuer, als seien sie vergoldet, und Ührchen für ein Vermögen, an Pelzen, obwohl die Sonne brannte, und Kleidern wie Artefakte. […]

Reither stieg aus, er klappte den Sitz nach vorn und ließ das Mädchen aus dem Wagen, er deutete auf das Stück Welt, das man sah, den Streifen Meer, der Sizilien vom Festland trennt, ewiger Reiz für Brückenbauer, nur blieb es bisher bei den Plänen und dem Triumph der Geographie. Das wollte er ihr zeigen, dieses große, stille Triumphieren, aber sie sah nur auf weggeworfene Bierdosen zwischen staubigen Kakteen am Straßenrand, und er verlor die Lust an einem Foto, den irrigen Glauben daran. Fahren wir weiter, sagte er, als Leonie mit den Keksen kam; sie nahm die Pause ernst, sie bot dem Mädchen einen Keks an, sogar mit Erfolg […]. Reither wollte etwas sagen, dass man noch einmal gründlich nachdenken müsse, nur wusste er gar nicht genau, worüber, etwa darüber, das Mädchen in Messina noch irgendwem zu übergeben, dem Roten Kreuz, der Kirche, den Behörden […], oder darüber, dass es nach der Überfahrt endgültig zu spät wäre für eine Lösung ohne Polizei. Aber er sagte das alles nicht, er aß den Keks und tippte mit dem Finger an die Strohmelone, damit sie noch etwas schräger auf Leonies Kopf saß, er spürte sein Herz, das nicht mehr so schlug, wie es in den letzten zwanzig Jahren geschlagen hatte, als wäre da gar nichts in seiner Brust, nichts, das einen beunruhigen könnte, während es jetzt der Muskel war, der ihn am Leben hielt. Und er sah zu dem Mädchen, das seinen Keks längst gegessen hatte und über die runden blauen Gläser den Blick kurz erwiderte, ja die Brille dann sogar abnahm, wie als Hinweis, dass die Sonne schon am Untergehen war, man langsam den Abend angehen sollte, und er nahm sich die Freiheit, ihr für Sekunden ins Gesicht zu schauen, teils bedeckt von Haaren, weil plötzlich Wind aufgekommen war. Die Arme steif am Körper, den Kopf leicht gesenkt, so stand sie vor ihm, in den Augen einen Glanz wie von Fieber, zwischen den Augen ihr Widerspenstiges, und endlich gelang es ihm, etwas zu sagen, Weiter geht's, nur diese Worte, aber sie reichten, um eine Art Schlaf im Stehen zu beenden. Leonie stieg wieder ins Auto, sie schloss das Verdeck gegen den Wind, und das Mädchen klappte die Lehne vom Fahrersitz vor und stieg nach hinten, jetzt ganz nah ans Fenster, das sich mit dem Verdeck geschlossen hatte; Reither rieb sich Staub aus den Augen, aufgewirbelt vom Wind, er stieg als Letzter ein und spürte einen Druck im Rücken, von zwei Füßen oder Knien, wie ein Drängen, dass er fahren sollte, keine Zeit mehr verlieren dürfe. […] Er sagte, Gut, dann nimmt es jetzt seinen Lauf, und Leonie Palm sagte, Ja, wir nehmen sie mit. Und an Messina führte die Straße vorbei, oberhalb der Stadt mit Rotem Kreuz und anderen Anlaufstellen, den Behörden; Reither fuhr gleich zum Sammelplatz vor den Fähren, schon beleuchtet von Flutlicht, heller als die Abenddämmerung.

Jenny Erpenbeck: Gehen, ging, gegangen

Richard ist ein soeben in den Ruhestand getretener Universitätsprofessor in Berlin. Nun hat er Zeit, sich um ein neues Projekt zu kümmern: Er will die Lage der nordafrikanischen Flüchtlinge in Berlin untersuchen.

Zusammen mit Sylvia und Detlef hat Richard den großen runden Tisch in der Bibliothek an den Rand geschoben. 4 Männer können jetzt dort auf dem weinroten Perserteppich schlafen. Im Musikzimmer kann einer unter dem Flügel schlafen, einer daneben: 2 Plätze. Zwei Luftmatratzen hat Richard noch im Schuppen gefunden, für die anderen Männer hat er einige Decken übereinander auf den Boden gelegt. 2 Mann kommen über Eck aufs Wohnzimmersofa, 1 anderer auf zwei zusammengeschobene Sessel. Aus dem Schlafzimmer trägt Richard mit Apoll und Ithemba das Bett seiner Frau hinüber ins Gästezimmer: 3 Plätze.

Detlef und Sylvia sagen, ihr Gästehaus habe ja einen kleinen Ofen, also wenn das die Männer nicht störe, dass man das Feuer immer in Gang halten muss? Es stört die 3 Billardspieler nicht im Geringsten.

Die Exfrau von Detlef mit dem Teeladen in Potsdam sagt: Nachts ist der Teeladen ja nicht auf, da ist es mir vollkommen egal, wenn im Hinterzimmer einer schläft. Tagsüber darf er halt nicht andauernd raus und rein.

Ihr Mann sagt, aber dann verlierst du vielleicht dein Gewerbe. Irgendwann einmal, sagt die Exfrau von Detlef, stand die Todesstrafe darauf, wenn man Menschen versteckte. Der Mann sagt, da hast du auch wieder recht. Also zieht Hermes, der mit den goldenen Schuhen, im Potsdamer Teeladen ein.

Dass Ali zu Anne zieht, versteht sich schon beinahe von selbst: Er fühlt sich bei uns ja zu Haus. Und wenn er seinen Freund Yussuf mitbringt, macht das den Kohl nun auch nicht mehr fett.

Und sogar der Hölderlinleser sagt: Also, ich hab keinen Platz in meinem Zimmer, aber tagsüber kann gern einer kommen und meinen Computer benutzen.

Thomas, der Wirtschaftsprofessor, sagt, 3 könnten in unsre Ein-Zimmer-Wohnung im Prenzlauer Berg ziehen, wo wir eh nie übernachten, meiner Frau sag ich's später.

Der Archäologe hat seit Februar eine Gastprofessur in Ägypten, die dauert bis Mai, er sagt zu Richard: Der Schlüssel ist bei den Nachbarn.

Marie, seine zwanzigjährige Freundin, sagt: Ach, wenn bei uns in der WG auf dem Küchensofa so einer schlafen würde, das wär sicher witzig. [...]

Thomas hilft Richard schließlich dabei, ein Spendenkonto zu eröffnen, du weißt, das Geldwäsche-Gesetz ist ein Problem, sagt er, wenn du nicht nachweisen kannst, wohin das Geld geht, jaja, sagt Richard, ich weiß. Richard sagt von da an dem oder jenem: Ich habe ein Spendenkonto eröffnet. Die meisten geben zur Antwort: Aha, interessant. Manche fragen: Stellst du eine Spendenquittung aus? Richard sagt, nein. Die allerwenigsten überweisen, ohne die Spende von ihrer Steuer absetzen zu können, Geld auf das Konto. Aber es gibt auch Ausnahmen, und was zusammenkommt, ist besser als gar nichts. [...]

In der Bibliothek hat Richard Rufu einquartiert und dazu den Sänger Abdusalam, der schon auf der ersten Liste gestanden hat und nun froh ist, aus dem nigerianischen Restaurant zu Richard umziehen zu dürfen. Außerdem Yaya, der hier nicht befürchten muss, dass ein Alarm losgeht, und dessen Freund Moussa mit der blauen Tätowierung im Gesicht.

Khalil, der noch immer nicht weiß, ob seine Eltern noch leben, sein Freund Mohamed, der seine Hose gern tief trägt, und der lange Ithemba, den Richard vom stinkenden Schiffsquartier herübergeholt und als Koch für alle verpflichtet hat, wohnen im Gästezimmer.

Im Musikzimmer schlafen Apoll und Karon, auf dem Sofa im Wohnzimmer Zair, der damals mit Raschid auf einem Boot war und für den Einzug bei Richard wieder sein bestes Hemd angezogen hat, und Tristan – Richard hat in ungefähr 25 Telefonaten mit dem Sozialamt erreicht, dass sein Haus als Heimunterkunft anerkannt wird, und so konnte Tristan das Obdachlosenheim verlassen und zu ihm übersiedeln. Auf den zwei zusammengeschobenen Sesseln schließlich schläft Zani, der oft in der Mappe mit den Kopien über das Massaker in seiner Heimatstadt blättert.

Wenn es keine Gelegenheitsarbeit gibt und auch kein Meeting, schlafen die Afrikaner lange und bleiben auch tagsüber, wenn sie schon wach sind, auf ihren Matratzen liegen und dösen, spielen mit ihren Handys oder sehen auf den zwei alten Computern, die Richard ihnen gegeben hat, Videos im Internet an. Manchmal beten sie, manchmal fahren sie in die Stadt, um ihre Freunde zu treffen. Wenn Ithemba gefragt wird, wie es ihm geht, sagt er: A little bit good. Einmal nehmen Khalil und Mohamed Richard in einen Club mit, in dem sechzigjährige Frauen in kurzen Hosen mit zwanzigjährigen schwarzen Männern tanzen. […]

Und sonst? Am Abend kommen alle in Richards Küche wieder zusammen, wenn das Essen, das Ithemba gekocht hat, auf dem Tisch steht. Mit 50 Euro für den Einkauf der Lebensmittel komme er für eine Woche über die Runden, hat er gesagt und sich für Richards Kostgeld bedankt. Richard hat anfangs immer als Einziger einen Teller und Messer und Gabel bekommen, während die anderen um den Küchentisch herum standen und gemeinsam von einem Kuchenblech aßen. Inzwischen macht er es so wie sie: reißt sich von dem Reismehl- oder Yamteig, der von Ithemba auf dem Kuchenblech angerichtet wird, ein Stück ab und tunkt es in die *soup*, eine Gemüse-Sauce, manchmal mit Fleisch, manchmal mit Fisch, die nicht viel anders schmeckt als das Gulasch seiner Mutter und vielleicht sogar besser. Wenn von der soup etwas übrig bleibt, kann man auch mit der Hand den letzten Rest schöpfen. Hat er schon jemals mit den Händen Suppe gegessen?

Nach dem Essen setzt sich Abdusalam mit ein paar andern manchmal nach draußen auf die kühle Terrasse und fängt zu singen. Durch die brandenburgische Nacht klingt da zum Beispiel das Lied von denen, die ausgewandert sind in die Fremde, es heißt „Abrokyire Abrabo" und geht so:

Mutter, oh Mutter, dein Sohn / hat eine furchtbare Reise gemacht. / Ich bin am anderen Ufer gestrandet. / Dunkel umgibt mich. / Niemand weiß, was ich in der Einsamkeit / aushalten muss.

Der Gegenwartsliteratur in Deutschland wird häufig vorgeworfen, sie sei zunehmend unpolitisch, sie kümmere sich zu wenig um die aktuellen Probleme. U. a. an den drei oben angeführten Beispielen kann gezeigt werden, wie stark gerade das Thema „Flucht und Migration" Eingang in aktuelle deutschsprachige Literatur gefunden hat.

1. *Präsentieren Sie die drei Romane, von denen Sie hier Ausschnitte lesen können, in der Klasse.*

- *Stellen Sie zunächst den jeweiligen Autor/die Autorin kurz vor und geben Sie eine Zusammenfassung des Romaninhalts. Erläutern Sie dabei, in welchem Zusammenhang die jeweils abgedruckte Textstelle steht.*

- *Arbeiten Sie bei der Präsentation heraus, in welcher Weise der jeweilige Autor / die Autorin, sich dem Thema „Flucht und Migration" nähert.*

   Folgende Leitfragen können hilfreich sein:
   - *Aus welcher Perspektive wird die Flüchtlingsproblematik geschildert?*
   - *Hat der Autor / die Autorin eigene Erfahrungen mit dem Thema?*
   - *Legt der Roman den inhaltlichen Schwerpunkt mehr auf das Thema „Flucht" oder mehr auf das Thema „Integration"?*
   - *Welcher Fluchtraum / Fluchtort wird dargestellt?*
   - *Welche Aussage über das Thema kann man dem Roman entnehmen?*

2. *Vergleichen Sie im Anschluss die drei Romane mit dem Theaterstück „Willkommen". Dabei sollten die Aspekte Figurenkonstellation (z. B. Verhältnis Gastgeber – aufgenommene Flüchtlinge) und sprachliche Gestaltung / Sprechhaltungen (z. B. komödiantisch-satirisch oder sachlich-ernsthaft) im Vordergrund Ihres Vergleichs stehen.*

Thesen und Meinungen der Autoren zu ihrem Schauspiel

Cool bleiben

Lutz Hübner und Sarah Nemitz über ihr Stück „Willkommen" und das Bemühen, in einer chaotischen Welt einen klaren Kopf zu bewahren.

1

Die Wohngemeinschaft in „Willkommen" diskutiert die Frage, ob man Flüchtlinge aufnehmen soll. Was würde das für ihr Zusammenleben bedeuten? Welche Prioritäten setzt man? Wer verfolgt mit seinem Standpunkt welche Interessen und welche offenen Rechnungen sollen bei dieser Gelegenheit auch gleich noch beglichen werden? Irgendwann sieht es so aus, als ob alles auseinanderbrechen könnte. Keiner weiß weiter und dann wird erst mal Tischtennis gespielt. Momentan scheint sich die deutsche Gesellschaft in dieser letzten Phase zu befinden: unlösbare Probleme, wohin man sich wendet, auch wenn die „Flüchtlingskrise" als Bedrohung einiges an Schrecken verloren hat. Kurzes Best-of der Probleme, die seit Beginn der Arbeit am Stück (Herbst 2015) dazugekommen sind: Attentat Paris, Silvesternacht Köln, Aufstieg der AfD. Seit der 1. Dialogfassung (Frühsommer 2016): Attentat Nizza, Brexit, Türkischer Putschversuch und staatliche Säuberungen, Staatsumbau in Polen. Seit Probenbeginn (Winter 2016) Trump und das Berliner Attentat. Irgendwann löst das nur noch Paranoia aus, Angstattacken angesichts des drohenden Zusammenbruchs liberaler Demokratien oder das, was die Theologen „apokalyptische Naherwartung" nennen, die Erwartung des Endes aller Zeiten in allernächster Zukunft. Was hilft da? Tischtennis? Vielleicht. Auf jeden Fall aber Pragmatismus.

2

Peter Richter beschreibt in einer seiner New Yorker Reportagen, wie die verschiedenen Nationalitäten und Religionen in New York miteinander umgehen. Man mag sich nicht unbedingt, aber man toleriert sich und findet einen Weg, miteinander klarzukommen. Die orthodoxen Juden schwenken nach altem Ritus Hühner über ihren Köpfen, damit diese ihre Sünden aufnehmen, danach verkaufen sie die Hühner an die Filipinos, die sie grillen. Man arrangiert sich und lädt das alles nicht mit Emotionen auf, das kostet zu viel Kraft, man sieht nur zu, dass alle die Regeln einhalten. Das ist New Yorker Pragmatismus in Reinform und davon könnte sich Deutschland eine Scheibe abschneiden. Nicht mit Steinen werfen, natürlich nicht, aber auch nicht ständig mit Teddybären. Die Regeln erklären, den Leuten eine Chance geben und Ruhe bewahren. Sich eingestehen, dass einen vieles nervt an den neuen Mitbürgern, ohne ein schlechtes Gewissen zu haben und dann helfen – im Rahmen dessen, was man sich zutraut. Wer sich nicht anpassen will oder die Regeln massiv verletzt, fliegt raus, die anderen kriegen die Zeit, die sie brauchen. Euphorie ist etwas Wunderbares, aber extrem frustrationsanfällig und naturgemäß von kurzer Dauer. Unser Leben in diesem Land wird mit den Neuen nicht automatisch besser als vorher, auch nicht schlechter, sondern einfach nur anders.

3

Pragmatismus ist ein Kind der Vernunft und sollte einem helfen zu erkennen, was der eigentliche Beweggrund der oben angeführten politischen Schreckensereignisse ist – nämlich kollektive Nostalgie. Eine Emotion, die politisch genauso viel Schaden anrichtet wie Terror. Momentan will ein Großteil der amtierenden Alleinherrscher (und solcher, die es werden wollen) zurück in eine Vergangenheit, die nie existiert hat. Amerika soll wieder „great" sein, die polnische Regierung schreibt die Geschichtsbücher um, Erdogan führt eine osmanische Operette für Schlagstock und Staatsorchester auf, Großbritannien glaubt, dass das Empire zurückkehrt, wenn ihnen niemand mehr reinquatscht, und die AfD deliriert sich eine Volkgemeinschaft zusammen. Wann sollen diese goldenen Zeiten denn gewesen sein? Von was für einem Land hinter dem Regenbogen reden die denn alle? Die Zeiten waren nie gut, es war immer kompliziert. Werte müssen verteidigt werden, der Gesellschaftsvertrag muss immer wieder neu verhandelt werden und er ist ein zähes, anspruchsvolles Prosawerk und kein drittklassiges Musical (auch wenn Trump das offensichtlich anders sieht). Die Charaktere in „Willkommen" kriegen ihre Probleme an diesem Abend nicht gelöst. Das ist nicht schön und sie machen auch keine wirklich gute Figur dabei, aber manche Dinge bekommt man eben nicht auf Anhieb in den Griff. Dann muss man eben später nochmal ran, tritt einen Schritt zurück, denkt nach und lässt sich von keiner Hysterie anstecken. Neuer Versuch. Und bis dahin spielt man eben Tischtennis. Cool bleiben.

1. Erklären Sie, was unter „Pragmatismus" zu verstehen ist und wie Pragmatismus helfen könnte, die genannten Probleme zu lösen.

2. Erläutern Sie, inwiefern es stimmt, dass die Charaktere in „Willkommen" keine gute Figur abgeben.

3. „Neuer Versuch. [...] Cool bleiben": Wie könnte so ein neuer Versuch aussehen?

„Wir wollten kein Betroffenheitstheater" – Interview mit Dorothee Krings

Lutz Hübner und Sarah Nemitz leben und arbeiten gemeinsam in Berlin und gehören zu den produktivsten Dramatikern der Gegenwart. Zu ihren bekanntesten Stücken zählt „Frau Müller muss weg", das der Regisseur Sönke Wortmann erfolgreich verfilmt hat. Auch ihr aktuelles Werk, „Willkommen", hat Sönke Wortmann inszeniert – am Schauspielhaus. Es spielt in einer Düsseldorfer WG, die vor der Frage steht, ob sie ein frei werdendes Zimmer an einen Flüchtling vergeben soll.

In Ihrem Stück ist noch gar kein Flüchtling eingezogen – doch eine langjährige Wohngemeinschaft gerät in Spannungen. Warum hat Sie das Thema Zuwanderung gereizt?

Hübner: Wir wollten kein Betroffenheitstheater, wollten auch nicht die Schicksale von Flüchtlingen auf die Bühne bringen, sondern möglichst nah ran an die Haltungen in der deutschen Gesellschaft. Wir wollten untersuchen, wie weit der Einzelne zu gehen bereit ist, wenn das Thema Zuwanderung ihm ganz nah kommt und sogar in seinen privaten Bereich vordringt.

Wie werden aus Positionen in den aktuellen Debatten lebendige Figuren für die Bühne?

Nemitz: Wir verfolgen die aktuellen Debatten, erleben, was im Familien- und Freundeskreis gesprochen wird, und formen daraus unsere Figuren. Das sind anfangs kleine Frankensteine, aber die bekommen schnell ein Eigenleben und eine innere Logik, der man dann nur noch folgen muss.

Hübner: Sie wehren sich dann auch gegen bestimmte Sätze, die ihrem Charakter widersprechen würden. Man kann ihnen nicht mehr alles aufsatteln. Wir legen unsere Figuren immer dialektisch an. Es gibt nicht den einen Schurken, der alles sabotiert, jede Figur vereint viele Widersprüche. Wir schreiben auch relativ ausführliche Figurenprofile, in denen die Vorleben, frühere Konflikte und Beziehungen der Figuren festgehalten sind. So haben wir zu jeder Person so viel Futter, dass wir wissen, warum sie im Stück wie reagiert.

Teilen Sie die Figuren auf?

Hübner: Nein. Das ist eher so ein Ping-Pong-Spiel. Ich schreibe zum Beispiel einen Dialog und schicke ihn Sarah, die arbeitet daran weiter und sendet wieder an mich. Das geht so lange, bis wir finden, dass eine Szene den richtigen Flow hat.

„Frau Müller muss weg" ist ja sehr erfolgreich verfilmt worden. Haben Sie auch mal Lust, direkt für den Film zu schreiben?

Hübner: Eigentlich sind wir Theaterpferde, aber natürlich ist es reizvoll, mal in den anderen Stall zu blicken, da gibt es schon Überlegungen.

Nemitz: Im Film hat man ein breiteres Spektrum, mit Bildern zu erzählen, was ich sehr reizvoll finde. Im Theater muss alles über den Dialog laufen, der Fokus ist anders.

Hübner: Und die Ökonomie ist anders: Im Film kann man verschwenderischer mit Figuren umgehen, auf der Bühne sollte jeder Darsteller schon ein bisschen was zu sagen haben, sonst lohnt sich die Figur ja nicht. Da denken wir beide schon noch wie Schauspieler, die wir ja beide einmal waren.

In „Willkommen" gibt es eine Figur, die anfangs über einen Flüchtling als möglichen Mitbewohner nicht mal diskutieren will. Ist das eine legitime Position?

Hübner: Die Figur begründet das später damit, dass sie mit arabischen Männern ein Problem hat. Es ging uns also um die Frage der Selbstzensur. Wie geht jemand damit um, wenn er berechtigt oder nicht, gegen sozial erwünschte Positionen verstößt? Was macht er mit seinen Bauchgefühlen?

Nemitz: Natürlich ist es legitim, wenn jemand über das Thema nicht diskutieren will. Und es ist auch legitim, wenn eine Frau mit einem bestimmten Männertypus ein Problem hat. Schwierig wird es für mein Empfinden, wenn jemand sagt, er will sich mit dem gesamten Thema nicht befassen.

Wie blicken Sie auf die erste Euphorie in Deutschland, als Flüchtlinge an Bahnhöfen freudig begrüßt wurden?

Hübner: Ich bin immer noch dankbar für diese Euphorie, auch wenn gleich klar war, dass es dabei nicht bleiben würde. Der erste Reflex war moralisch richtig. Natürlich war er auch naiv, aber das sind hohe moralische Positionen immer. Wenn in anderen europäischen Ländern jetzt ernsthaft überlegt wird, Flüchtlinge von vornherein in Schutzhaft zu nehmen, dann ist das doch beschämend.

Nemitz: Im Nachhinein ist es immer sehr leicht zu sagen, dass etwas naiv war.

Waren Sie erschreckt, als mit „Willkommen bei den Hartmanns" ein Film mit ähnlicher Thematik in die Kinos kam?

Hübner: Das war ein Zeichen dafür, dass der Stoff reif ist. Und auch dafür, dass Deutschland das Thema nicht so sehr beschwert, dass man darüber keine Komödie mehr machen könnte. Das ist ein gutes Zeichen. Natürlich haben wir den Film gesehen, dabei aber schnell gemerkt, dass er ganz anders verfährt, denn in dieser Geschichte gibt es ja einen Flüchtling. Der Schwerpunkt liegt also in der direkten Auseinandersetzung mit einem Zuwanderer, der zum Katalysator für Veränderungen in einer Familie wird. Bei unserer Geschichte weiß man nicht, wie die Figuren sich verhalten würden, wenn tatsächlich ein Flüchtling einzieht.

Das erfahren wir im nächsten Stück?

Hübner: In der nächsten Folge – aber die gibt's im Theater ja nicht.

1. *Erläutern Sie die Positionen der Autoren zur Flüchtlingsthematik.*

2. *Erklären Sie die Aussage „Wir wollten kein Betroffenheitstheater". Diskutieren Sie, inwiefern es berechtigt ist, eine Komödie zum Thema „Flüchtlinge" zu schreiben.*

3. *Skizzieren Sie die Arbeitsweise der zwei Autoren. Überlegen Sie sich, welche Vor- und Nachteile es haben könnte, wenn mehrere Autoren an einem Werk arbeiten.*

Biographische Hinweise zu Lutz Hübner und Sarah Nemitz

Lutz Hübner

wurde am 16.01.1964 in Heilbronn/Baden-Württemberg geboren. Nach Abitur und Zivildienst studierte er Germanistik, Philosophie und Soziologie an der Universität Münster. 1986 begann er seine Ausbildung zum Schauspieler an der Staatlichen Hochschule für Musik und Darstellende Kunst in Saarbrücken. Von 1990 bis 1996 arbeitete Hübner als Schauspieler bzw. Regisseur u. a. am Rheinischen Landestheater Neuss sowie am Theater der Landeshauptstadt Magdeburg. Seit 1996 ist er freiberuflich als Schriftsteller und Regisseur tätig. 1998 erhielt er den Deutschen Jugendtheaterpreis für Stück „Das Herz eines Boxers". Seit Ende der 1990er Jahre zählt Hübner zu einem der meistgespielten Dramatiker auf deutschen Bühnen. 2005 wurde sein Stück „Hotel Paraiso" zum Berliner Theatertreffen, 2009 sein Schauspiel „Geisterfahrer" sowie 2011 das Drama „Die Firma dankt" jeweils zu den Mühlheimer Theatertagen eingeladen. 2016 erhielt Hübner den Preis der Autoren der Frankfurter Autorenstiftung. Das Kinder- und Jugendtheater in Hagen wurde nach Hübner benannt und trägt den Namen „Lutz" bzw. „lutzhagen".

Viele Stücke entstanden in Zusammenarbeit mit Sarah Nemitz.

Sarah Nemitz

wurde in Düsseldorf geboren; sie wuchs in Köln auf, wo sie Tanz am Institut für Bühnentanz, anschließend Germanistik, Philosophie und Kunstgeschichte studierte, bis sie sich dem Theater zuwandte. Als Schauspielerin war sie von 1989 bis 1993 am Rheinischen Landestheater Neuss tätig. In dieser Zeit erhielt sie den Preis als beste Nachwuchsdarstellerin des Theatertreffens Nordrhein-Westfalen. Es folgten Engagements unter anderem am Theater der Landeshauptstadt Magdeburg und am Theater Bielefeld sowie Engagements bei Film- und Fernsehproduktionen (z. B. „Jahrestage" von Margarethe von Trotta).

Seit 2001 ist sie gemeinsam mit Lutz Hübner als Schriftstellerin tätig. Im Jahre 2015 kam deren Erfolgsstück „Frau Müller muss weg" in der Verfilmung von Sönke Wortmann in die deutschen Kinos.

Die mit zahlreichen Preisen ausgezeichneten Stücke Hübners und Nemitz' werden auf der ganzen Welt gespielt und sind in zahlreiche Sprachen übersetzt worden.

Lutz Hübner und Sarah Nemitz leben und schreiben in Berlin.

Veröffentlichungen (Auswahl)

Über 40 Texte schrieb **Lutz Hübner** in den letzten Jahren für das Theater, etliche davon in Zusammenarbeit mit **Sarah Nemitz**. Alle wurden uraufgeführt, viele wurden Erfolgsstücke und an zahlreichen in- und ausländischen Bühnen inszeniert, z. B. (in Klammern das Jahr der Uraufführung):

- *„Tränen der Heimat" (1994)*
- *„Das Herz eines Boxers" (1996)*
- *„Gretchen 89 ff." (1997)*
- *„Alles Gute" (1998)*
- *„Herzmündung" (1999)*
- *„Creeps" (2000)*
- *„Wallenberg" (Opernlibretto, Musik Erkki-Sven Tüür, 2001)*
- *„Winner & Loser" (2002)*
- *„Nellie Goodbye" (2003)*
- *„Hotel Paraiso" (2004)*
- *„Gotteskrieger" (2005)*
- *„Die letzte Show" (2006)*
- *„Aussetzer" (2007)*
- *„Geisterfahrer" (2008)*
- *„Nachtgeschichte" (2009)*
- *„Frau Müller muss weg" (2010, verfilmt 2015; Bayerischer Filmpreis für das beste Drehbuch)*
- *„Die Firma dankt" (2011)*
- *„Richtfest" (2012)*
- *„Bochum" (2013)*
- ***„Willkommen" (Uraufführung am 04.02.2017 am Düsseldorfer Schauspielhaus, Regie: Sönke Wortmann)***
- *„Paradies" (2017)*
- *„Furor" (2018)*
- *„Abiball" (2018)*
- *„Frauensache" (2019)*
- *„Die Wahrheiten" (2020)*

Quellennachweis

5 ff. Hübner, Lutz/Nemitz, Sarah: Willkommen. Schauspiel. Hartmann und Stauffacher, Köln 2017

61 Definition „szenische Lesung", aus: Lothar Schwab/Richard Weber: Theaterlexikon, zitiert nach Frommer, Harald: Lesen und inszenieren. Produktiver Umgang mit dem Drama auf der Sekundarstufe, Ernst Klett Schulbuchverlag, Stuttgart, 1995, S. 19

63 Definition „Untertext/Subtext" nach Stanislawski, aus: Frommer, Harald: Lesen und inszenieren. Produktiver Umgang mit dem Drama auf der Sekundarstufe, Ernst Klett Schulbuchverlag, Stuttgart, 1995, S. 78

64 Krumbolz, Martin: Türke aus Gelsenkirchen. Die Integrationskomödie „Willkommen" von Lutz Hübner und Sarah Nemitz am Düsseldorfer Schauspielhaus, aus: Süddeutsche Zeitung, 06.02.2017, S. 10

66 Preußer, Gerhard: An der Grenze zur Farce. Willkommen – Thomas Ladwig inszeniert am Schauspiel Essen die vielgespielte Komödie von Lutz Hübner und Sarah Nemitz. An der Grenze zur Farce, aus: https://www.nachtkritik.de/index.php?option=com_content&view=article&id=14716:willkommen-thomas-ladwig-inszeniert-am-schauspiel-essen-die-vielgespielte-komoedie-von-lutz-huebner-und-sarah-nemitz&catid=38&Itemid=40, aufgerufen am 09.01.2018

69 Stichwörter im Glossar „Asyl", „Asylbewerber", „Asylverfahren", „Geflüchtete", „Willkommenskultur" und „anerkannte Flüchtlinge", aus: Bundeszentrale für politische Bildung (Hg.): Themenblätter im Unterricht / Nr. 109: Flüchtlinge, 2. Auflage, Bonn, 2017, o. S.

70 Stichwörter im Glossar „Aussiedler/innen und Spätaussiedler/innen", „Flüchtlinge", „Migranten/Migratinnen" und „Zuwanderer/innen": aus: Bundeszentrale für politische Bildung (Hg.): Themenblätter im Unterricht / Nr. 111: Migration und Integration, Bonn, 2016, o. S.

74 Grill, Bartholomäus: Nichts wie weg. Senegal: Tausende junge Männer verlassen das Land, in dem kein Krieg herrscht, kein Unheil droht. Sie wissen, dass sie auf dem Weg nach Europa ihr Leben riskieren. Und fahren trotzdem, aus: DER SPIEGEL, 45/2016 vom 05.11.2016, S. 98–100

73 Musayidire, Eugénie: Ich kenne den Mörder, aus: http://www.frauenmissionswerk.de/activities/view/170, aufgerufen am 22.01.2018

75 Bendel, Petra: Haben wir es geschafft? Etappenziele der Flüchtlingsintegration – eine erste Zwischenbilanz, aus: Nürnberger Nachrichten, 30.12.2017, Beilage „Unsere Momente", S. 2

76 Djahangard, Susan, Katrin Eiger, Christina Elmer et al.: Richtig an-
kommen. Zuwanderung: Mehr als 1,2 Millionen Flüchtlinge hat die
Bundesrepublik in den vergangenen zwei Jahren aufgenommen.
Schafft das Land es, sie zu integrieren? Eine Bestandsaufnahme, aus:
DER SPIEGEL, 19/2017 vom 06.05.2017, S. 34–38

78 Walser, Martin: Zweiter Bericht an die Regierung, aus: ders, Ein sterbender Mann. Rowohlt Verlag, Reinbek bei Hamburg 2016, S. 203 f.

79 „Wollen wir ihn gleich mitnehmen?…", aus: Milkowa, Mariela: Meine
Familie, ein Flüchtling und kein Plan vom 13.09.17, in: http://www.
hr-inforadio.de/programm/das-interview/das-interview-mit-adrienne-
friedlaender-ueber-ihr-leben-mit-einem-jungen-fluechtling,adrienne
friedlaender-100.html, aufgerufen am 09.01.2018

80 „Im vergangenen Sommer wurde aus meine Wohnung …", aus: Her-
zog, Andrea: Fremdsein; In: Carolin Eichenlaub, Beatrice Wallis (Hrsg.):
Neu in der Fremde. Von Menschen, die ihre Heimat verlassen, Beltz
Verlag, Weinheim, 2016, S. 137–142

83 „Gerade kommt Katharina Patzelt …", aus: Peters, Freia: CDU-Politiker
teilt sein Zuhause mit Flüchtlingen; in: DIE WELT vom 13.07.2015,
zitiert nach: https://www.welt.de/politik/deutschland/article143884918/
CDU-Politiker-teilt-sein-Zuhause-mit-Fluechtlingen.html, aufgerufen
am 09.01.2018

86 „Willkommen bei den Hartmanns", Ausschnitte aus den Filmdialo-
gen, Exzerpt von Wolfgang Reitzammer, @ Jürgen Olczyk/Wiedemann
& Berg Film GmbH & Co. KG/Warner Bros. Entertainment GmbH

90 Goethe, Johann Wolfgang von: Hermann und Dorothea, aus: Goethes
Werke, hrg. von Karl Heinemann, 3. Band, Leipzig und Wien o. J.,
S. 349 ff.

90 „Hermann und Dorothea", 1796/97 entstanden und 1798 publiziert
…, nach: http://www.goethezeitportal.de/wissen/enzyklopaedie/goe-
the/kud-goethe-hermann.html, aufgerufen am 04.12.2017

93 Köhlmeier, Michael: Das Mädchen mit dem Fingerhut, Carl Hanser
Verlag, München 2016, S. 118–129

97 Kirchhoff, Bodo: Widerfahrnis. Eine Novelle, Frankfurter Verlagsanstalt,
Frankfurt 2016, S. 169–173

99 Erpenbeck, Jenny: Gehen, ging, gegangen, Albrecht Knaus Verlag,
München 2015, S. 333–339

103 Hübner, Lutz/Nemitz, Sarah: Cool bleiben, aus: Programmheft des
Düsseldorfer Schauspielhauses zu „Willkommen" von Lutz Hübner
und Sarah Nemitz, Spielzeit 2016/17, S. 10–11

105 „Wir wollten kein Betroffenheitstheater" – Interview mit Dorothee Krings, aus: Rheinische Post, am http://www.rp-online.de/nrw/staedte/duesseldorf/kultur/wir-wollten-kein-betroffenheitstheater-aid-1.6577093, aufgerufen am 26.11.2017

Bildnachweis

U1 – Coverfoto: mauritius images / SZ Photo Creative, Mittenwald

S. 60 – Schülerentwürfe für Covergestaltung und Bühnenbild von Fabiana Jaeger, Stefana Kelle, Christina Laubmann und Amira Zayed, Schülerinnen des Kunstkurses 2017/2018 am Christian-Ernst-Gymnasium in Erlangen

S. 87/89 – Stills aus dem Film „Willkommen bei den Hartmanns" @ Jürgen Olczyk/Wiedemann & Berg Film GmbH & Co. KG/Warner Bros. Entertainment GmbH

S. 108 – Autorenporträts: dpa Picture-Alliance/Geisler-Fotopress, Frankfurt